Rauf Ceylan
Die Prediger des Islam

Rauf Ceylan

# Die Prediger des Islam

Imame – wer sie sind
und was sie wirklich wollen

HERDER

FREIBURG · BASEL · WIEN

© Verlag Herder GmbH, Freiburg im Breisgau 2010
Alle Rechte vorbehalten
www.herder.de

Satz: Layoutsatz Kendlinger
Herstellung: CPI Moravia Books, Pohorelice

Gedruckt auf umweltfreundlichem, chlorfrei gebleichtem Papier
Printed in Czech Republic

ISBN 978-3-451-30277-0

# Inhalt

# Tagesablauf eines Imams in Deutschland

„Ich stehe morgens um fünf Uhr zum Frühgottesdienst auf. Um sechs Uhr beginnen wir mit dem Frühgebet. Danach halte ich eine Predigt bis etwa sieben Uhr. Danach frühstücke ich und bereite mich geistig auf den Unterricht mit den Kindern vor. Um neun Uhr schließe ich die Moschee auf, da kommen schon die ersten Schüler zum Kurs, obwohl dieser erst um zehn Uhr beginnt. Da die Eltern einkaufen fahren, muss ich noch eine Stunde das Kindermädchen spielen. Von zehn bis vierzehn Uhr unterrichte ich die Kinder, danach verrichten wir gemeinsam das Mittagsgebet. Nach dem Mittagessen gehe ich in die Teestube der Moschee, um mit den älteren Gemeindemitgliedern zu sprechen. Zwischen dem Nachmittagsgebet und dem Abendgebet höre ich mir die Anliegen und Sorgen der Gemeinde an. Nach dem Abendgebet mache ich Hausbesuche. Das mache ich einmal in der Woche, bis zum Nachtgebet. Danach sitze ich wieder in der Teestube der Moschee, um mit den Gemeindemitgliedern zu sprechen, die von der Mittagsschicht gekommen sind. Das ist wichtig, weil man sonst diese Mitglieder den ganzen Tag über nicht gesehen hat. So gegen Mitternacht gehe ich dann ins Bett, um wieder um fünf Uhr morgens zum Gottesdienst aufzustehen. Dass ich gegen null Uhr meinen Kopf auf das Kissen lege, bedeutet aber längst nicht, dass ich auch sofort einschlafen kann. Nein, denn erstens verarbeite ich den ganzen Tag noch mal, weil ich tagsüber keine Gelegenheit zur Reflexion habe. Zweitens plane ich schon für den nächsten Tag. Ich bin ja nicht wie ein Elektrogerät, das man per Knopfdruck ausschalten kann. Dann denke ich noch mindestens eine halbe Stunde über die anliegenden Aufgaben wie Beschneidungen, Totenfeiern, Predigten für den nächsten Tag nach. Die Arbeit eines Imams ist wirklich ein 24-Stunden-Job."

# Einleitung:
# Imame sind Schlüsselpersonen

„Islam sells" müsste es aufgrund der Informationsflut über den Islam in den letzten Jahren heißen. Nahezu uferlos erscheint die Literatur zum Thema Islam, allerdings existiert kaum eine Publikation über Imame. Dabei sind sie mittlerweile zu einem hochgradig aktuellen Thema avanciert. Während sich die Muslime in Deutschland zunehmend integrieren, sogenannte „Hinterhof-Moscheen" sich auflösen und die Muslime durch repräsentative Bauten (mit Kuppel und Minarett) sich in die Mitte der Gesellschaft bewegen, ist über die Imame noch immer so gut wie nichts bekannt.

Nach wie vor kommen Imame aus dem Ausland, um die deutsch-muslimische Community zu betreuen. Zu über neunzig Prozent stammen sie aus dem nichteuropäischen Raum. Ihre Sozialisation hat dort stattgefunden. Die meisten sprechen kein Deutsch und kennen ihr neues Heimatland nicht. Sie kommen mit vollkommen anderen Erfahrungen und Vorstellungen nach Deutschland. Damit sind viele Konflikte vorprogrammiert. Nicht nur, dass die Imame ihre Brückenfunktion nicht in vollem Umfang ausschöpfen können; das ist die eine Sache. Die andere ist, dass sie diese Position ganz im Gegenteil geradezu kontraproduktiv nutzen können. Davon zeugen die Hassprediger, die junge deutsche Muslime zu indoktrinieren versuchen.

Leider werden die Rolle und die Funktion der Imame hierzulande weit unterschätzt. In einem alten türkischen Sprichwort heißt es: „Der halb ausgebildete Imam nimmt den Menschen den Glauben, wie der halb ausgebildete Arzt den Menschen die Gesundheit raubt."

Erst nach fünfzig Jahren muslimischer Migrationsgeschichte beginnt die Politik zaghaft, sich dem drängenden Thema anzunähern. Vor allem nach dem 11. September 2001 wird die Schlüsselrolle der Imame in der muslimischen Community zunehmend erkannt. In den letzten Jahren haben allerdings nur wenige weitsichtige Politiker wie der niedersächsische Innenminister Uwe Schünemann oder der nordrheinwestfälische Integrationsminister Armin Laschet die Bedeutung der Imame im integrationspolitischen Kontext erkannt und thematisiert. Denn der Islam in Deutschland ist ein Produkt der Arbeitsmigration. Daher werden Integrationsthemen und Islamthemen immer zusammen diskutiert, entsprechend auch die Bedeutung der Imame.

Seit Beginn der Einwanderung in den 1960er Jahren hat die Zahl der Muslime stetig zugenommen. Zwischen 3,8 und 4,2 Millionen Muslime leben hier mittlerweile. Während Frankreich einen maghrebinisch und England einen asiatisch geprägten Islam kennen, ist der Islam in Deutschland eindeutig rot-weiß gefärbt: Mit 2,7 Millionen stellen die Türken den größten Teil der Muslime. Sie dominieren das islamische Leben in Deutschland mit ihren zahlreichen religiösen Strukturen und Vereinen – und natürlich mit ihren Imamen.

Religion wird in der türkisch-muslimischen Community großgeschrieben. Der Religionsmonitor der Bertelsmann-Stiftung konnte in seiner Studie belegen, dass sich gut neunzig Prozent der Türken als religiös bezeichnen. Etwa 41 Prozent sogar als hoch religiös. Diese Zahlen sind nicht überraschend, weil der Islam als soziales und kulturelles Bezugssystem in der Türkei niemals seine Bedeutung verloren hat. Und das, obwohl Staatsgründer Mustafa Kemal Atatürk („Vater der Türken") durch fundamentale Reformen die türkische Gesellschaft zu säkularisieren suchte. Mit der Gründung der türkischen Republik im Jahre 1923 sollte auch mit der osmanisch-islamischen Vergangenheit gebrochen werden. Bis heute hat die Türkei ein ambivalentes Verhältnis zu ihrer Geschichte.

„Der Glaube kann Berge versetzen", so heißt es in dem bekannten Sprichwort. Ganz in diesem Sinne hat Atatürk in den Jahren des Unabhängigkeitskrieges gegen die europäischen Alliierten (1919–1923) zur Mobilisierung des türkischen Volkes den nationalen Befreiungskampf noch religiös untermauert. Dabei erkannte er das Potenzial der religiösen Gelehrten und Imame zur Mobilisierung des Volkes und setzte sie effizient ein. In seinem Auftrag predigten die Imame von der *fariza-i cihadiye* (Pflicht zum Kampf), um das islamische Territorium von den europäischen Besatzungsmächten zu befreien. Diese Strategie ging auf. Wie Erich Fromm es formuliert, verkörpert der Märtyrer die größte spirituelle oder anders ausgedrückt: menschliche Selbstbehauptung. Der Überlebenswunsch wird sekundär, weil das Ziel des Märtyrers wichtiger ist als sein individuelles Leben: „Er verfolgt sein Ziel, ohne sich vom Risiko des Todes, des Schmerzes oder der auch im Kriegsfall möglichen Folter abschrecken zu lassen. Sein Ziel ist ihm wichtiger als sein individuelles Leben, so dass er den normalen Überlebenswunsch durch den heroischen Akt transzendiert." Siegt er, so kostet er die irdischen Früchte. Stirbt er, so tritt er ohne Umwege in das Paradies ein. Nahezu in allen Religionen wird dem Märtyrer daher die größte Bewunderung zuteil. Mit dieser spirituellen Waffe konnte Atatürk die Unabhängigkeit der Türkei erreichen.

Der zielstrebige General nahm nach seiner Machtübernahme einen Kurswechsel vor: Er leitete mehrere radikale Reformen mit dem Ziel der Schaffung eines neuen Nationalbewusstseins und der De-Islamisierung ein. So zitiert Jaques Benoist-Méchin in seiner 1955 erschienenen Atatürk-Studie Atatürk mit den Worten: „(Der Islam taugt) allenfalls für die verweichlichten Araber (...), aber nicht für siegesbewusste männliche Türken."

Doch die Realität hatte die junge Republik sehr schnell eingeholt. Die neue politische Elite im Land hatte die Rolle des Islam unterschätzt. Mustafa Kemal Atatürk und seine Gefolgschaft waren Militärs und keine Soziologen, unfähig, den religiösen Faktor zu begreifen. Allein mit rationalen und nationalen Ideen schafft man keine neue Identität. Schließlich wird eine neue Zivilisation nicht mit einigen Reformen von oben konstruiert. Vielmehr hätte die türkische Gesellschaft als Ganzes in diesen Prozess einbezogen und diesen Wandel tragen müssen.

Die Reformen wurden in der Türkei nur von einer kleinen gesellschaftlichen Elite gestützt. Die Peripherie, der große Teil der türkischen Bevölkerung in den ländlichen Gebieten, blieb von der Säkularisierung unberührt; die anatolisch-türkischen Bauern identifizierten sich noch immer über ihre Religion und nicht über ihre Nationalität.

Eindrucksvoll verdeutlicht Jens Peter Laut dieses religiöse Selbstverständnis der Anatolier anhand eines Dialoges zwischen einem kemalistischen Staatsmann und einem anatolischen Bauern in dem zeitgenössischen Roman „Der Fremdling": „Ein unter diesen Bauern wirkender kemalisti-

12

scher Agitator stößt bei ihnen auf wenig Gegenliebe. Auf seine irritierte Frage ‚Wenn man Türke ist, wie sollte man da nicht an Kemal Paschas (Atatürk, R.C.) Seite stehen?‘ (Insan Türk olur da, nasıl Kemal Paşadan yana olmaz?) folgt der berühmte Dialog: ‚Wir sind doch keine Türken, mein Herr!‘ (biz Türk degiliz ki, beyim) – ‚Ja, was seid ihr denn?‘ (ya nesiniz?) – ‚Wir sind Muslime, Gott sei Dank...‘ (biz Islâmız, elhamdülillâh).“

Aufgrund der tiefen Verwurzelung des Islam in der türkischen Gesellschaft wurde bereits 1924 das „Diyanet İşleri Başkanlığı“ (Präsidium für Religiöse Angelegenheiten) zur Kontrolle und Unterordnung der Religion gegründet. Ziel dieser neuen Institution war es vor allem, einen türkischen, staatskonformen und „gebändigten“ Islam zu predigen. Als Instrumentarium dafür sollten wiederum die Imame dienen. Denn man war sich sicher, dass man einen Menschen aus einem anatolischen Dorf – und ein Großteil der türkischen Bevölkerung lebte in dörflichen Gegenden (und es handelte sich zudem überwiegend um Analphabeten) – nicht über einen Wissenschaftler oder Lehrer erreichen und beeinflussen könne, sehr wohl jedoch über einen Imam. Der Imam spricht in der Sprache des Volkes – Glaube spricht zu Glaube –, im Vergleich zum Imam sind Politiker und Wissenschaftler sprachlos. Die tiefsten Bedürfnisse der Menschen werden angesprochen. Seither versucht der Staat, politische Ziele in einem religiösen Kleid an das Volk zu vermitteln. Der „Volksislam“ der ländlichen Bevölkerung ist also trotz aller De-Islamisierungsmaßnahmen bis heute weiterhin lebendig geblieben. Und die Kinder und Enkelkinder dieser Generation haben diesen „Volksislam“ in den 1960er Jahren mit nach Deutschland gebracht.

Anders als im laizistischen Frankreich wird in der Türkei die Religion eben nicht vom Staat getrennt, sondern von ihm zu kontrollieren versucht. Mit seinen über 80 000 Angestellten und Beamten zählt das Religionspräsidium heute zum größten Amt der Türkei. Die Imame – selbst in religiösen Familien aufgewachsen und geistig-weltanschaulich eigentlich dem Kemalismus fernstehend – hatten nun die Berufung, in allen Moscheen die Staatsideologie zu predigen. Seither haben sie dem Staat viele gute Dienste erwiesen. So berichtet beispielsweise die türkische Tageszeitung *Hürriyet* (Januar 2007), dass die Religionsbehörde Diyanet beschloss, 2500 Religionsbeauftragte in die Dörfer des Ostens und Südostens der Türkei zu entsenden. Diese sollten als *vaaz ve irşat timleri* (Teams für Rechtleitung und Predigten) den Einfluss der kurdisch-islamistischen Bewegung Hizbullah und der linksextremistischen kurdischen Terrororganisation PKK durch ihre Predigten drosseln. Zugleich soll der dortigen Bevölkerung „Vaterlandsliebe, die Verteidigung des Heimatlandes, Brüderlichkeit, Einheit des Landes, Liebe und Frieden" durch die religiösen Predigten anempfohlen werden.

Um der Bevölkerung der Türkei ausreichend Vaterlandsliebe einzuimpfen, scheute man in nationalistischen Kreisen auch davor nicht zurück, dem Propheten Muhammad fingierte Zitate in den Mund zu legen: *Vatan sevgisi İmandandır* (Die Vaterlandsliebe zeugt von einem starken Glauben) – dieser Satz schmückt in Form von Leuchtketten bei bestimmten Anlässen die Minarette der größten Moscheen der Türkei. Vor allem im Kontext des Kalten Krieges wurde der Islam sehr stark gegen die „gottlose" linke Bewegung im eigenen Land eingesetzt. Und noch heute ist in den Freitagspredigten die Formel „O Gott, schütze die türkische Nation, unseren Staat und unsere Armee" zu hören.

Der Islam sollte in der Türkei also weder ganz zurückgedrängt werden, noch sollte er einen allzu großen gesellschaftlichen Einfluss auf Politik und Wirtschaft ausüben. Und der Staat profitierte und profitiert noch immer in vielerlei Hinsicht vom Islam und von der Frömmigkeit der türkischen Menschen.

Aufgrund der Monopolstellung des türkischen Staates durch die Vereinnahmung des Islam standen alle anderen, nichtstaatlichen religiösen Bewegungen in der Türkei per se unter Generalverdacht. Vor allem die Homogenisierungspolitik in der Türkei bildete seit Jahrzehnten den Nährboden für die politischen Konflikte des Landes. Denn: „Je weniger Gesellschaften Pluralität und Alternativen zulassen, je mehr sie eine einheitliche Wertorientierung, Lebensanschauung und politische Auffassung verbindlich machen, umso eher geraten Gruppen unter den Verdacht der Subversität." (Martin Schwonke) Alternative politische und soziale Anschauungen gelten in diesen Gesellschaften als Abweichungen und können nicht öffentlich, sondern nur innerhalb von kleinen, nach außen hin abgeschirmten Gruppen artikuliert werden.

Viele religiöse Bewegungen in der Türkei entstanden daher im Untergrund. Von Beginn an waren sie Oppositionsbewegungen und als solche mussten sie damit leben, dass der Staat sie als potenzielle Gefahr ansah. Angeführt wurden diese Bewegungen von Imamen wie Süleyman Hilmi Tunahan (1888–1959; Integrationsfigur der VIKZ) oder Said Nursi (1876–1960; Integrationsfigur der Jamaat-Nur).

Vor diesem Hintergrund kann man nachvollziehen, dass für viele islamische Organisationen die Arbeitsmigration in den 1960er Jahren nach Deutschland und in andere europäische Länder Freiräume bot. Denn aufgrund von Demokratiedefiziten in der Türkei war ein zivilgesellschaftliches Engagement nicht ohne Weiteres möglich. Neben dem staatlichen Islam wurden keine anderen Richtungen geduldet: Außerhalb des Staates kein Heil!

Verstärkt gründeten Organisationen wie die *Süleymancis* (Verband Islamischer Kulturzentren) in den 1970er Jahren Moscheevereine in Deutschland und stellten eigene Imame ein. Bezahlt wurden diese von den Gemeinden. Erst Anfang der 1980er Jahre begann der türkische Staat mit der Gründung der DITIB-Organisation – einem Ableger des Präsidiums für Religiöse Angelegenheiten der Türkei –, staatlich ausgebildete Imame einzustellen, deren Tätigkeit die türkischen Konsulate in Deutschland koordinieren. Und wieder sind es die Imame, die den wichtigsten Informations- und Kommunikationskanal zu den türkischen Gastarbeitern darstellen. Seither haben die türkisch-islamischen Organisationen über hundert Moscheevereine gegründet – und damit einen Arbeitsmarkt für die Imame in Deutschland geschaffen.

Eine Berufsgruppe „Imam" existiert offiziell nicht und wird daher auch nicht registriert. Wir wissen aber, dass in der Bundesrepublik ca. 2500 islamische Einrichtungen bestehen. Ich gehe davon aus, dass es sich bei mindestens 2000 um Moscheevereine handelt. Von der Anzahl der Moscheevereine kann man auf die Zahl der Imame schließen. Und so können wir mit einiger Sicherheit davon ausgehen, dass etwa 2000 Imame in Deutschland tätig sind. Ferner können wir annehmen, dass nahezu drei Viertel der Imame türkischstämmig sind. Ein Großteil der restlichen ca. dreißig Prozent verteilt sich auf Ex-Jugoslawien und Nordafrika. Nur die wenigsten sind in Deutschland sozialisiert.

Imame üben einen großen Einfluss auf die muslimischen Gemeinden aus. Sie sind *die* theologische Instanz und stellen wichtige gesellschaftliche sowie politische Multiplikatoren dar. In vielen islamischen Gebieten dieser Erde genießen sie meist mehr Autorität und Vertrauen als staatliche Institutionen. Muslimische Kinder und Jugendliche erhalten zudem durch die Imame ihre religiöse Erziehung in Moscheegemeinden. Imame prägen die Religiosität und die religiöse Orientierung dieser jungen Menschen, womit sie auch die Zukunft des Islam in Deutschland beeinflussen. Denn schließlich bestimmen sie mit, ob die jungen Muslime einen liberalen, konservativen oder extremistischen Islam vertreten werden. Darüber hinaus nehmen die Imame zahlreiche andere Aufgaben wahr, etwa die Rolle des Vorbeters, sie betreuen die Gemeinde seelsorgerisch, oder sie vermitteln in Ehe- und Scheidungskonflikten. Wie ich später noch zeigen werde, gibt es aber auch durchaus kuriose und skurrile Aufgaben, die ein Teil der Imame übernimmt.

Imame sind also wichtige Schlüsselpersonen in der muslimischen Community. Die Qualität ihrer (sprachlichen und theologischen) Ausbildung, ihre politische und religiöse Orientierung und ihre Einstellung zur deutschen Gesellschaft bzw. zum deutschen Staat werden in Zukunft darüber entscheiden, ob sich die Muslime erfolgreich in die hiesige Gesellschaft integrieren werden oder ob dieser Prozess zum Scheitern verurteilt ist. Trotz ihrer integrationspolitischen Bedeutsamkeit existieren kaum Informationen und

Forschungen über Imame in Deutschland. Zwar wird immer wieder in politischen, aber auch in wissenschaftlichen Debatten über den Einfluss der Imame auf die Kinder und Jugendlichen diskutiert – oder vielmehr spekuliert. Der Kenntnisstand über die Rolle und Orientierungen der Imame in den Moscheegemeinden ist hingegen dürftig. Dies macht es schwierig, ein realitätsnahes Bild von den Imamen zu zeichnen: Wir wissen nicht, wer sind, was sie denken und was sie hier predigen.

Der Begriff Imam ist inzwischen zu einer Pauschalbezeichnung geraten, wobei vergessen wird, dass sich dahinter sehr unterschiedliche religiöse Orientierungen und Einstellungen, unterschiedliche Menschen mit sehr unterschiedlichen Biografien verstecken. Diese möchte ich nun im vorliegenden Buch vorstellen. Das Herzstück der Arbeit bilden die Ergebnisse meiner jahrelangen Beobachtungen in den türkischen Gemeinden des Ruhrgebiets, insbesondere die Gespräche mit den türkischen Imamen. Den zahlreichen Originalzitaten aus den Gesprächen soll großzügig Platz eingeräumt werden. Denn sie gewähren einen unverzerrten Einblick in die unbekannte Lebens- und Gedankenwelt der Prediger des Islam. Daher basiert das Buch in großem Maße auf meinen eigenen empirischen Erfahrungen.

Etliche der Wissenschaftler, die sich heute gerne mit dem Titel Islamexperte schmücken, sitzen an ihren Schreibtischen und haben meist nur angelesenes Wissen. Wissen wird in der Buchwelt produziert und reproduziert. Diese Parallelwelt entwickelt eine Eigendynamik, und die akademische Welt entfremdet sich zunehmend von der empirischen Realität. Viele „Islamexperten" machen sich nicht die Mühe, das Feld, das sie erforschen, zu betreten und den direkten

Kontakt zu ihrem Forschungsgegenstand zu suchen. Der Verhaltensforscher Konrad Lorenz ist mit seinen Graugänsen geschwommen, um das Sozialverhalten der Tiere zu untersuchen. Daran sollten sich viele dieser „Experten" ein Beispiel nehmen. Abgesehen davon existiert ohnehin kaum Literatur über Imame im deutschsprachigen Raum. Entsprechend ist kein umfangreiches Literaturverzeichnis zu Imamen angefügt. Zudem wurde darauf Wert gelegt, das Buch lesbar zu halten und nicht zu „verwissenschaftlichen".

Die Idee, eine Studie über Imame zu verfassen, ist im Zuge meiner Doktorarbeit zum Thema Gettoisierung und Moscheen entstanden. In den vielen Interviews mit türkischen Muslimen bin ich damals zu der Überzeugung gekommen, dass die Rolle der Imame in der muslimischen Gemeinde in der öffentlichen Diskussion kaum zur Kenntnis genommen, ja unterschätzt wird. Auch bei der Literaturrecherche konnte ich im deutschsprachigen Raum kaum eine Forschungsarbeit zu Imamen finden. Dieses Defizit hat mich zum Verfassen des vorliegenden Buches motiviert. Zum einen sind es der eigene Forschungsdrang und die eigene Wissbegier, die ich befriedigen wollte. Zum anderen geht es mir vor allem darum, hierzulande eine Diskussion zu initiieren. Ich hoffe, dass dieses Werk dazu beiträgt.

Rauf Ceylan
Osnabrück, im Februar 2010

# 1. Was ist ein Imam?

In den über 1600 türkischen Moscheen in Deutschland ist es üblich, den Imam mit *Hodscha* – was so viel wie „religiöser Lehrer" bedeutet – anzureden. Mit diesem an sich religiösen Titel werden in der Türkei auch Lehrer oder Professoren bezeichnet. Wie Günter Seufert treffend beschreibt, ist in der türkischen Gesellschaft die Übernahme von Rang- und Statusbezeichnungen aus dem religiösen Leben auch ins öffentliche Leben sehr gebräuchlich: „Mit der Verwendung dieser Begriffe aus traditionellen sozialen Zusammenhängen wie der (...) religiösen Gemeinschaft werden auch die an sie gebundenen personalen Verhaltenserwartungen in die Sphäre des öffentlichen Lebens übertragen. Die genannten Anredeformen aus der (...) religiösen Sphäre, die öffentlichen Funktionsträgern zugedacht werden, sind mehr als Zufälligkeiten oder Ausdruck von Nostalgie: Sie transportieren konkrete Verhaltenszumutungen und Handlungsmechanismen." Viele ursprünglich religiöse Titel finden in zahlreichen Zusammenhängen eine Verwendung und spiegeln Beziehungsmuster aus traditionell-sozialen Einheiten wider. Der Begriff *Hodscha* wird oft synonym für Imam verwendet. Anders als *Hodscha* ist jedoch der Imam-Begriff eher der religiösen Sphäre vorbehalten. In diesem Buch wird die hierzulande weitaus bekanntere Bezeichnung Imam bevorzugt. Dieser taucht im Koran in zahlreichen Versen und in unterschiedlichen Zusammenhängen auf.

## Funktion

Das arabische Wort *Imam* bezeichnet wörtlich übersetzt einen „führenden Mann" bzw. eine „Person, die vorne steht". In den meisten Wörterbüchern wird er als Vorbeter bzw. Leiter des Gebets oder als Gebieter in religiösen Angelegenheiten beschrieben. Wie die folgenden beispielhaften Koranverse darlegen, findet sich der Terminus im heiligen Buch der Muslime in der Bedeutung Vorbild, Führungsfunktion bzw. geistige Leitung wieder:

„Und als Abraham von seinem Herren durch Gebote, die er erfüllte, geprüft wurde, sprach Er: ‚Siehe, Ich mache dich zu einem Imam für die Menschen.'" (Koran: Sure 2, Vers 124)

„Eines Tages werden wir alle Menschen mit ihren Führern (Imamen) rufen." (Sure 17,71)

„Und Wir machten sie zu Vorbildern (Imamen), die auf Unser Geheiß rechtleiteten, und wiesen sie an, Gutes zu tun, das Gebet zu verrichten und Almosen zu entrichten." (Sure 21,73)

Die Rolle des Imams schließt sämtliche (geistige) Führungs- und Leitungsfunktionen im religiösen Bereich mit ein. Laut Koran handelt es sich beim Imam zudem um eine Funktion und kein Amt. Und dennoch trug in der islamischen Geschichte auch das Staatsoberhaupt des muslimischen Reiches den Imam-Titel (auch Kalif genannt). Neben politischen und militärischen Aufgaben hatte er dafür Sorge zu tragen, die religiösen Normen und Werte der *Umma* (muslimische Gemeinschaft) zu wahren. Davon hing auch sein eigenes Schicksal als politischer und religiöser Führer ab. Solange die öffentliche Ordnung und die *Scharia* (das islamische Recht) gewahrt wurden, sahen die *Ulama* (die islamischen Gelehrten) über den oft unislamischen, pompösen Lebensstil der Herrscher hinweg. Ganz anders dagegen hielten es die *Kharidschiten*, die erste radikal-islamische Strömung (entstanden im 7. Jahrhundert). Der religiöse und politische Führer musste zugleich gerecht sein und einen strikt islamischen Lebensstil führen, andernfalls sollte er – falls nötig auch mit Waffengewalt – abgesetzt werden. Die Führungsfrage ist eine entscheidende religiöse Frage für die radikalen Gruppen. (Die *Kharidschiten* werde ich später noch einmal aufgreifen, wenn die extremistischen Imame vorgestellt werden.)

Über Jahrhunderte hinweg spielte das Amt des Imams bzw. des Kalifen eine zentrale Rolle im Islamischen Reich. Im Zuge des zunehmenden Verfalls der muslimischen Weltreiche, etwa des Osmanischen Reichs, reduzierte sich dessen Rolle jedoch mehr und mehr auf repräsentative Funktionen, bis das Kalifat im Rahmen der modernen Nationalstaatengründungen schließlich ganz aufgelöst wurde. An seine Stelle traten in den meisten islamisch geprägten Ländern Scheindemokratien, Militärregierungen und Monarchien. Man muss gestehen: Die Demokratie als Staatsform und soziale Idee wartet noch auf die Stimme der jeweiligen muslimischen Bevölkerung, um eingeführt zu werden. Derzeit wird dieser Ruf von den Herrschenden und den wirtschaftlichen bzw. militärischen Eliten unterdrückt. Allein die eigenen Interessen zu wahren ist alles, was für diese Eliten zählt.

Der Imam bzw. Kalif war es, der den Islam und die Einheit der Muslime symbolisierte. Und erst der Todesstoß, der diesem symbolträchtigen Stand versetzt wurde, machte vielen Muslimen das Ende eines langen Kapitels in der islamischen Geschichte schmerzhaft deutlich. Somit kann es kaum verwundern, dass eines der Ziele panislamischer Bewegungen wie etwa der in Deutschland seit 2003 verbotenen Hizbut-Tahrir-Organisation darin besteht, das Amt des Imams bzw. Kalifen als Symbol der Einheit der Muslime – durch den Sturz der Regierungen in den islamisch geprägten Ländern – wieder einzuführen. Die Wiederherstellung des Kalifats gilt als Allheilmittel für die gegenwärtige ökonomische, politische und kulturelle Misere in den islamisch geprägten Ländern. Wurde der Prophet Muhammad von seinen Gefährten noch ganz informell – wie jeder andere Sterbliche auch – mit seinem Namen gerufen, errichteten die Kalifen hingegen absolutistische Monarchien. Der Kalif schmückte sich mit dem Titel „Schatten Gottes". War Muhammad noch stets darauf bedacht, sich mit seinen Gefährten demokratisch zu beraten, so regierten dagegen die späteren Kalifen mit eiserner Hand.

Für panislamische Bewegungen – die sich nach einer starken Führungspersönlichkeit sehnen – ist das Amt des autokratischen Kalifen die einzige Lösung, aus welchen Nöten auch immer. Wird der Kalif als oberster Imam wieder eingesetzt, so glaubt man, werden sich alle gegenwärtigen Probleme von ganz alleine lösen. Und auch in der Auseinandersetzung mit dem Westen gilt das Kalifat in den ideologischen Lehren etwa der Hizb ut-Tahrir als Schutzwall. Seine Einführung steht für die religiöse und politische Re-Organisation der Muslime. So appellierte die Organisation anlässlich des Karikaturenstreits in einer Erklärung auf ihrer Internetseite: „Ihr Muslime! Allein das Kalifat wird solche boshaften Zungen zum Schweigen bringen. Nur dadurch wird die Festung des Islam geschützt bleiben, bewacht von seinen Rittern. Kein Feind wird es wagen, sich seinem Gemäuer zu nähern, geschweige denn es anzugreifen. Für das Kalifat wird der Islam die entscheidende Angelegenheit sein und nicht Throne oder Kronen. Die Diffamierung des Islam stellt eine Kriegserklärung dar, derentwillen das Kalifat Armeen, Raketen und Bomber in Bewegung setzen wird, um diese Schandmäuler die Einflüsterungen des Teufels vergessen zu lassen. Die ungläubigen Kolonialisten werden schon aus Angst vor dem Kalifat und dessen Reaktion es gar nicht wagen, den Islam zu beleidigen. So wird es gar nicht notwendig sein, die Armeen in Bewegung zu setzen.«

Ein gänzlich anderes Imam-Verständnis wird im schiitischen Islam vertreten. Schiiten machen etwa zehn Prozent der Muslime weltweit aus. Der Imam als politischer und geistiger Führer spielt im Schiitentum insgesamt eine viel gewichtigere Rolle als im sunnitischen Islam. Denn die meisten der Schiiten glauben an die zwölf Imame. Als direkte Nachfahren des Propheten Muhammad, dessen Lehren und Aussprüche als religiöse Quellen autorisiert sind, designierte jeder dieser Imame unter *nass* (göttlicher Eingebung) seinen Nachfolger. Die esoterische Bedeutung und Interpretation der islamischen Quellen wurde nach schiitischem Verständnis dabei ebenfalls von Imam zu Imam weitertradiert. Der vorletzte Imam (Hasan al-Askari) verstarb im Jahre 873, während der zwölfte und letzte Imam (Muhammad al-Mahdi) nach schiitischer Auffassung im Jahre 869 von Gott entrückt wurde und bis heute im Verborgenen existiert. Aus der Sehnsucht der Schiiten nach einer gerechteren Gesellschaftsordnung entwickelte sich eine endzeitlich-eschatologische Doktrin um die Person des *Mahdi*. Nach dem Dogma der *ghayba* (Okkultation) ist er der legitime politische und geistige Führer aller Muslime; kurz vor der großen Apokalypse wird er aus der Verborgenheit wiederkehren und, ähnlich wie der jüdische bzw. christliche Messias, die natürliche Ordnung wiederherstellen.

Die iranische Verfassung von 1979 führt den verborgenen *Mahdi* als Staatsoberhaupt. Bis zu seiner Wiederkehr herrscht stellvertretend der schiitische Klerus. Seit der iranischen Revolution ist der Imam als der oberste Rechtsgelehrte zugleich auch der höchste Repräsentant des Staates. Das Staatskonzept des Revolutionsführers Imam Chomeini (1979–1989 Staatsoberhaupt Irans) sieht die Führungsrolle des schiitischen Klerus in weltlichen wie in religiösen Fragen vor. An die Staatsspitze wird ein Großayatollah als geistiger und politischer Führer gewählt. Der Klerus im Land hat dabei die Aufgabe, sich auf der Grundlage der Interpretation der heiligen Texte mit Rechtsfragen auseinanderzusetzen. Nach der schiitischen Lehre gelten die Imame als unfehlbar und sündenfrei. Nur die spirituelle Elite der Schiiten kenne noch die esoterische Bedeutung des Korans, die weit über die wörtliche Bedeutung der Schrift hinausgehe und vom „Otto-Normal-Muslim" nicht zu verstehen sei.

Anders als im sunnitischen Islam zählt das komplexe Netz von Doktrinen um den Stand des Imams im Schiitentum zur *Aqida*, den unbestreitbaren Glaubensgrundsätzen. Weder im Koran noch in anderen sunnitischen Quellen wird jedoch diese Imam-Lehre vertreten. Daher möchte ich hier nur sunnitische Imame berücksichtigen.

Innerhalb des Islam stellen die Sunniten die größte Glaubensgemeinschaft. In Deutschland bilden sie – und somit auch die sunnitischen Imame – die überwältigende Mehrheit. Der sunnitische Islam lehnt ein institutionalisiertes Priestertum ab. Anders als beim Priesteramt wie beispielsweise im Christentum ist der Imam auch kein geweihter Amtsträger. Die Anrede Imam ist zudem kein geschützter Titel. Daher kann sie auch Muslime meinen, die nur eine Mindestkompetenz zur Leitung von Gottesdiensten besitzen (informelle Bildung). Denn unter Imam ist primär die Person zu verstehen, welche die täglichen Gemeinschaftsgebete leitet. Diese steht im Gottesdienst vor der Gemeinde und leitet die Zeremonie durch Koranrezitationen und rituelle Bewegungsabläufe; er sorgt dafür, dass Letztere im Gemeinschaftsgebet synchron durchgeführt werden. Jeder reife männliche Muslim mit minimalen religiösen Kompetenzen (Memorieren bestimmter Gebetsformeln sowie Koranverse) kann diese Rolle spontan in kleineren Gemeinden einnehmen. Während diese Funktion im weiteren Sinne in den täglichen Gemeinschaftsgebeten von jedem Muslim erfüllbar ist, sind die Anforderungen an einen in den Moscheen angestellten Imam weit größer. Sie schließen über das Leiten der Gemeinschaftsgebete hinaus vielfältige Verpflichtungen ein. Für diese Aufgaben werden sie bezahlt. In der Regel ist eine universitäre Ausbildung oder zumindest eine schulische Eignung erforderlich, aber eben nicht Voraussetzung. So variieren das Qualifikationsniveau unter den Imamen wie auch ihr Aufgabenspektrum erheblich.

## Aufgabenbereiche

Die berufliche Rolle des Imams hat sich im Laufe der frühislamischen Geschichte gebildet und im Zuge der historischen Entwicklungen in der islamischen Welt institutionalisiert. Imame sind die Schnittstelle zwischen Staat und Bevölkerung. Je nach gesellschaftlichen und politischen Bedingungen haben diese geistigen Autoritäten vielfältige Tätigkeiten übernommen. Neben seinen klassischen Funktionen in der Moschee spielte der Imam eine zentrale Rolle im Aufbau gesellschaftlicher Strukturen, war Teil politischer Entwicklungen, trat als Oppositioneller in Erscheinung, engagierte sich bei der Bildung von Netzwerken und als Motivator des Volkes oder, wie der berühmte türkische Volksheld *Sütcü Imam* (1871–1922), als Initiator von Widerstandsbewegungen. Trotz dieser vielfältigen Rollen bilden bis heute die unten dargestellten klassischen Aufgabenfelder den Kern der Verpflichtungen eines Imams – gewissermaßen die kleinsten gemeinsamen Nenner in allen Moscheegemeinden der Welt. Je nach Qualifikation, Bildungsniveau, religiöser Orientierung und individuellem Engagement kann der Imam ein enges oder breites Aufgabenspektrum abdecken:

- Das tägliche Gemeinschaftsgebet

Wie schon erwähnt, liegt die zentrale Aufgabe des Imams in der Leitung des Gemeinschaftsgebets. Dieses Gebet ist Pflicht und ein in seinem Ablauf strikt geregeltes Ritual. So heißt es im Koran: „Trage vor, was dir (Muhammad) von dem Buche geoffenbart wird, und verrichte das Gebet. Siehe, das Gebet bewahrt vor Schandbarem und Verbotenem. Das (ständige) Gedenken an Gott ist fürwahr das Größte. Und Gott weiß, was ihr tut." (Sure 29,45) Die verschiedenen Körperhaltungen im Gebet sollen u. a. die Demut der Gläubigen festigen. Ihnen soll bewusst werden, dass sie von Gott erschaffen sind und zu ihm zurückkehren werden.

27

Dieses Ritual wird von praktizierenden Muslimen täglich fünf Mal zu jeweils bestimmten Tageszeiten verrichtet. Dabei orientieren sie sich nach dem Stand der Sonne: vor Sonnenaufgang, am Mittag, am Nachmittag, am Abend und bei Eintritt der Nacht. Nach dem muslimischen Glaubensbekenntnis (*La ilahe illallah, Muhammad Rasullullah* – Es gibt keine Gottheit außer Gott und Muhammad ist sein Gesandter) bildet das Gebet die wichtigste Säule des Islam. In islamischen Ländern weist der *Muezzin* mit seinem Ruf auf den Beginn der Gebetszeit hin. Dieser Gottesdienst ist nicht zu verwechseln mit den formlosen, persönlichen Bittgebeten, die individuell gestaltbar sind und unabhängig von zeitlichen Bestimmungen erfolgen können. Da nach muslimischer Auffassung das Gebet in der Gemeinschaft mehr Gotteslohn bringt, sind die Muslime dazu gehalten, die vorgeschriebenen Gottesdienste gemeinsam in der Moschee mit einem Imam zu verrichten. Die Motivation basiert vor allem auf dem folgenden Ausspruch des Propheten Muhammad: „Das Gemeinschaftsgebet ist 27-mal besser als das allein verrichtete Gebet."

• Die wöchentliche Freitagspredigt
Den Höhepunkt des gemeinschaftlichen Gottesdienstes stellt das Freitagsgebet dar, welches jede Woche zur Mittagszeit verrichtet wird. Im Koran heißt es: „O die ihr glaubt, wenn zum Gebet gerufen wird am Freitag, dann eilt zu Gottes Gedenken und lasst das Kaufgeschäft. Das ist besser für euch, wenn ihr wisst. Wenn das Gebet beendet ist, dann breitet euch im Land aus und trachtet nach etwas von Gottes Huld. Und gedenkt Gottes viel, auf dass es euch wohlergehen möge." (Sure 62,9–10) Der Freitag ist zwar für Mus-

lime ein Feiertag, doch im Gegensatz zum jüdischen Samstag oder zum christlichen Sonntag kein Ruhetag. In den islamischen Ländern fand das Freitagsgebet einst in der Zentralmoschee des jeweiligen Stadtteils bzw. der jeweiligen Stadt statt. Im Zuge der Urbanisierung, Landflucht und Bevölkerungsexpansion existieren heute in Großstädten wie Istanbul oder Kairo mehrere Freitagsmoscheen. In Deutschland gibt es dagegen keine Zentralmoscheen, da jede islamische Organisation ihre eigenen Moscheevereine unterhält. Deshalb wird in einem einzigen Stadtteil fast zeitgleich in mehreren Moscheevereinen das Freitagsgebet verrichtet. Wenn man davon ausgeht, dass pro Moschee etwa 250 bis 300 Muslime (oder noch mehr, wenn der Freitag auf einen deutschen Feiertag fällt oder in den Schulferien liegt) die Freitagsgebete besuchen – was keine Seltenheit ist –, dann erreichen die 2000 Imame hierzulande 500 000 bis 600 000 Muslime alleine an einem einzigen Tag. Wer sich davon überzeugen möchte, der kann freitagmittags eine Moschee besuchen und die Schuhe in den Regalen zählen.

Im Mittelpunkt des Freitagsgebets steht die zweiteilige *Khutba* (Predigt), die vom Imam von der *Minbar* (Kanzel), einer hohen, mehrstufigen Plattform, aus gehalten wird. Bis auf wenige arabische Gebetsformeln wird die Predigt in der Regel in der Sprache der Gemeinde gehalten. In arabischen Moscheen spricht man arabisch, in türkischen Moscheen türkisch und in bosnischen Moscheen eben bosnisch.

Die Inhalte der *Khutba* können sich je nach aktuellem Anlass auf gesellschaftspolitische Themen, historische und nationale Ereignisse oder religiös-moralische Anweisungen beziehen. Das Freitagsgebet hat also nicht nur eine religiöse, sondern auch eine sozio-politische Funktion. Bei der Bestimmung der Inhalte der Predigten sind die Imame in islamischen Ländern nicht immer frei von Zwängen; ihre Meinungs- und Handlungsfreiheit kann stark eingeschränkt sein. Wie Dr. Murad W. Hofmann bemerkt, können die Inhalte der Predigt von zentraler, staatlicher Stelle bestimmt werden: „Zensur ist denn auch in der zeitgenössischen muslimischen Welt allgegenwärtig. Dies lässt sich bis in die allgemein übliche Vorgabe von Predigttexten durch die staatlich gelenkten Religionsbehörden verfolgen. Manche Imame lesen ihre Predigt deshalb nur ab, um die Konformität des Gesagten gegenüber den Behörden besser beweisen zu können."

In Deutschland ist das nicht anders. Staatlich gelenkte Moscheen orientieren sich nach den Inhalten, die ein zentraler Ausschuss vorgibt. Dazu teilte mir ein Imam mit: „Ich bin auch in dieser Kommission, deshalb kann ich Ihnen genau sagen, wie es abläuft. Wenn bestimmte religiöse Tage bevorstehen oder besondere Tage, die auch international gefeiert werden, wie z. B. der Muttertag, dann wird als *Khutba*-Thema die besondere Stellung der Mutter in der Religion vorgeschlagen. Wenn der Erste Mai, der Tag der Arbeit bevorsteht, dann sollen in der *Khutba* die Arbeiterrechte im Islam thematisiert werden." In den nichtstaatlichen Moscheen sind die Imame in der Regel flexibler, allerdings müssen sie sich bei ihren Predigten an die jeweils offizielle Organisationslinie halten. Wenn beispielsweise politische Themen tabu sind, dann darf der Imam keine politischen Inhalte in seiner Predigt aufgreifen. Öffentliche Kritik an der eigenen Organisation ist ebenfalls tabu. Die meisten Imame halten sich daran. Wie heißt es so schön? „Beiß nicht in die Hand, die dich füttert."

Schon immer in der Geschichte des Islam wurde die Freitagspredigt von den Herrschern als politische Waffe eingesetzt. Schließlich stand mit ihr ein wirkmächtiges Medium zur Verfügung, das hervorragend zu Propagandazwecken benutzt werden konnte. Waren die Prediger in den Moscheen dem Herrscher gegenüber loyal eingestellt, wurde in der Predigt der Name des *Kalifen* oder *Sultans* genannt. Diese Namensnennung galt zugleich als Bestätigung dafür, dass der Herrscher „islamisch koscher" war. In Ländern wie in Saudi-Arabien ist es heute noch üblich, dass die Imame den König in den Predigten erwähnen und für ihn beten.

Auf der anderen Seite wurde und wird die *Khutba* auch als politische Waffe gegen die Herrscher gerichtet. In vielen islamischen Ländern der Gegenwart nutzen Oppositionelle die *Khutba* nach wie vor dafür, die herrschende Klasse zu kritisieren. Aufgrund der undemokratischen Verhältnisse in diesen Ländern und der damit einhergehenden Einschränkung der Meinungs- und Pressefreiheit bildet die *Khutba* meist die einzige, dafür aber sehr effiziente Kommunikationsplattform, um Kritik anzubringen. Zwar ist mit dem Internet ein weiteres wichtiges Medium hinzugetreten – kritische Predigten kann man sich heute mühelos auf vielen Webseiten ansehen –, aber das einfache Volk erreicht man über die virtuelle Welt nicht.

Eine noch gefährlichere Möglichkeit oppositioneller Kritik liegt darin, dass ein populärer Imam sich weigert, das Freitagsgebet überhaupt zu leiten. Denn eine wichtige Voraussetzung für das Verrichten des Freitagsgebetes ist nach Meinung vor allem politischer Muslime, dass die muslimische Gemeinde frei von politischen Zwängen ist. Boykottierte der Imam in der Geschichte des Islam das Freitagsgebet, so galt dies stets als Botschaft an die muslimische Gemeinde, dass die jeweilige Zentralmacht nicht islamisch handelte. Mit dem Boykott des Freitagsgebets kann man auf die Missstände im Land aufmerksam machen.

Während meiner Recherchen habe ich erfahren können, dass die politische Funktion der *Khutba* in Deutschland bereits positiv eingesetzt werden konnte. Das erste Beispiel: In Duisburg wollten kurdische Jugendliche gegen den Einmarsch der türkischen Armee in den Nordirak demonstrieren. Per SMS hatten sie sich zu einer illegalen Demonstration verabredet. Als türkische Jugendliche davon erfuhren, verabredete man sich zu einer ebenso unangemeldeten Gegendemonstration. Aufgrund der Kooperation der Polizei mit den Imamen konnte eine Eskalation der Situation verhindert werden. Die Imame riefen in der *Khutba* die muslimischen Jugendlichen dazu auf, nicht an der illegalen Demonstration teilzunehmen und sich nicht provozieren zu lassen.

Das zweite Beispiel: Nach dem Mord an der schwangeren Marwa el-Sherbini in dem Dresdener Gerichtssaal und dem Mordversuch an ihrem Ehemann kochten die Emotionen in der muslimischen Community in Deutschland hoch. Auch in diesem Fall haben die Imame die *Khutba* zur Deeskalation genutzt und die Muslime zur Besonnenheit aufgerufen. Mit Erfolg!

Diese positiven Beispiele bilden leider die Ausnahme. Sollte ich wie in der Schule eine durchschnittliche Gesamtnote für alle von mir erlebten Freitagspredigten geben, dann würde das Ergebnis *mangelhaft* lauten: Zumeist bleibt dem Hörer nichts anderes übrig, als die *Khutbas* zähneknirschend über sich ergehen lassen.

Die Auswertung der Freitagspredigten in den Moscheen würde eine eigene Studie ergeben. Es soll hier der Hinweis genügen, dass die Themen der Predigt in den meisten Fällen kaum die Lebenswirklichkeit der Gemeinden in Deutschland widerspiegeln; soziale und kulturelle Fragen der Muslime hierzulande werden kaum angesprochen. Inhalte wie die Thematisierung der türkischen Politik, ob nun innerhalb oder außerhalb der Türkei, Geschichten über die Eroberung Istanbuls, das Gedenken an den Dardanellen-Krieg, das Rühmen der Märtyrer und die Glorifizierung Atatürks oder Staatsfeiern wie das Fest der Jugend in der Türkei, das allenfalls zur Massenmobilisierung in autoritären Ländern taugt: All das hat in deutschen Moscheen eigentlich nichts verloren.

Und die Verbände haben dieses Problem bis heute nicht erkannt. Was vor allem deshalb bedauerlich ist, weil die Freitagspredigt einen festen Termin innerhalb der Woche bildet, den alle Altersgruppen der Muslime wahrnehmen, ganz gleich, ob jung oder alt. Themen zu setzen, die mit dem Alltag der Muslime in Deutschland (Integration, Bildungsprobleme, Armut usw.) zusammenhängen, wäre sicherlich angemessener.

Mittlerweile bietet das ZDF – nach dem Vorbild „Wort zum Sonntag" – auf ihrer Internetseite ein Freitagsforum an. Eloquente muslimische Persönlichkeiten halten eine Art „Wort zum Freitag", allerdings erreicht diese Internetbotschaft nur einen kleinen Teil der Muslime, nämlich die Bildungselite. Die große Masse in den Moscheevereinen bleibt von solchen Botschaften unberührt. Daher wird die Freitagspredigt wohl auch in Zukunft einen der wichtigsten Kommunikationskanäle darstellen.

Aus Gesprächen vor allem mit türkischstämmigen Jugendlichen wird deutlich, dass sie häufig Schwierigkeiten haben, die Freitagspredigten in den Moscheevereinen überhaupt zu verstehen. In Zukunft ist daher zu erwarten, dass die Predigten in deutscher Sprache gehalten werden. Dies jedoch nicht, um damit eine Germanisierungspolitik zu betreiben, vielmehr handelt es sich um einen natürlichen Prozess; derzeit wird allein aus Rücksicht auf die erste Generation türkisch gesprochen.

Andererseits sind immer wieder Forderungen von Politikern zu hören, die auf eine Deutschpflicht in den Moscheen abzielen. Doch solche Forderungen sind aus unterschiedlichen Gründen bedenklich, wenn nicht kontraproduktiv: Erstens würde man damit nur die Rückzugstendenzen verstärken, eine Trotzreaktion hervorrufen und einen internen Schulterschluss bewirken. Zweitens kann in einer Demokratie nicht ein Sprachverbot in einer Religionsgemeinschaft ausgesprochen werden. Noch heute wird in Deutschland in Kirchen, die von italienisch-, polnisch-, russisch- oder griechischstämmigen Migranten besucht werden, in der jeweiligen Herkunftssprache gesprochen. In einigen arabischen, bosnischen und türkischen Moscheen wird die Freitagspredigt bereits in deutscher Sprache gehalten. Meist folgt im Anschluss an die Predigt die deutsche Übersetzung. Moscheen werden durch diesen Prozess in Zukunft keine „Heimatvereine" mehr sein. Die Predigtsprache wird Deutsch sein.

- Rezitation und Auswendiglernen von Korantexten
Eine weitere klassische Aufgabe des Imams besteht darin, an den Wochenenden Islamkurse anzubieten. Zielgruppe sind

insbesondere Kinder und Jugendliche. Primär sollen die Kurse dazu dienen, das Rezitieren des Korans in arabischer Sprache unter der Befolgung von Aussprache- und Intonationsregeln zu vermitteln. Dies schließt ebenso die Herausstellung der ästhetischen Qualitäten des heiligen Textes mit ein, indem die Rezitation unter Zuhilfenahme einer Melodisierung erfolgt. Die ästhetische Dimension der Koranrezitation war in der islamischen Geschichte schon immer von zentraler Bedeutung. Die Imame pflegen in ihren Kursen diese Tradition weiter. Besonders begabte Koranschüler haben die Gelegenheit, ihr Können bei hervorgehobenen Anlässen in der Moschee zu demonstrieren – etwa beim Freitagsgebet oder anlässlich festlicher Zeremonien.

Die Rezitierkunst der Koranschüler zeugt zugleich von der Kompetenz des Imams, und somit hängt die Gunst der Gemeinde von diesen Fertigkeiten der Schüler ab. Die Qualität des Imams wird somit nicht vordergründig über die Vermittlung von Inhalten bestimmt, sondern von Formalismen und rituellen Kompetenzen. Die Kinder und Jugendlichen in den Moscheegemeinden lernen nicht die arabische Sprache an sich. Sie lernen nur ihre Rezitation. Und auch eine inhaltliche Auseinandersetzung mit dem heiligen Buch ist nicht das eigentliche Ziel. Dies ist u.a. darauf zurückzuführen, dass zum einen allein die Rezitation des Gotteswortes als lohnbringend betrachtet wird. Zum anderen wird von einer inhaltlichen Auseinandersetzung mit dem Koran schon deshalb abgesehen, weil nach der herrschenden Volksmeinung der Koran für Laien nur sehr schwer zu verstehen ist.

Auf der anderen Seite laufen gerade jene Gefahr, in oberflächliche bzw. falsche Interpretationen zu verfallen, die meinen, ohne ein theologisches Studium und ohne Arabischkenntnisse den gesamten Korantext deuten zu können. Zu groß ist die Versuchung – und das bestätigt die Praxis bei extremistischen Imamen –, Verse aus dem Zusammenhang zu reißen. Dies kommt deshalb so oft vor, weil einzelne Verse oft eine klare Botschaft zu transportieren scheinen, für das Verständnis jedes Verses der Gesamtüberblick über den Koran jedoch eine wichtige Voraussetzung darstellt. Da nach muslimischem Verständnis der Koran in einem Zeitraum von 23 Jahren geoffenbart worden ist, setzt die richtige Auslegung voraus, dass man die unterschiedlichen Verse zeitlich korrekt einordnen kann. Es gibt Verse, die nur auf eine bestimmte historische Gegebenheit hin geoffenbart wurden – etwa zu Kriegszeiten, im Ausnahmezustand. Sie zu isolieren wäre genauso fatal, wie das Jesus-Zitat im Matthäus-Evangelium „Denkt nicht ich sei gekommen, um Frieden auf die Erde zu bringen. Ich bin nicht gekommen um Frieden zu stiften, sondern das Schwert" (Mt 10,34) herauszupicken und Jesus als gewaltbereiten Kriegstreiber darzustellen; eine Interpretation, die ebenso falsch wäre wie die Schlussfolgerung, in diesem Vers womöglich einen Hinweis auf die Kriegslüsternheit der Christen zu erkennen.

Darüber hinaus spricht Jesus oft in Gleichnissen, nutzt also bildhaftes Reden. Ähnlich der Koran, worin viele Verse mehrdeutig bzw. ambivalent sind. Der Koran selbst weist darauf hin: „Er (Gott) ist es, der auf dich (Muhammad) das Buch herabsandte. In ihm sind eindeutig *muhkamat* (klare Verse) – sie sind die Mutter des Buchs – und andere, *mutaschihabat* (mehrdeutig). Diejenigen nun, deren Herzen zum Abweichen neigen, suchen vor allem das Mehrdeutige darin, um Uneinigkeit zu verursachen und es (nach eigenem Gutdünken) auszulegen. Seine Deutung kennt jedoch niemand außer Gott. Und die mit fundiertem Wissen sprechen: ‚Wir glauben daran. Das eine wie das andere ist von unserem Herren.'" (Sure 3,7)

Einen weiteren Schwerpunkt bildet das Auswendiglernen von Koransuren. Diese Lernmethode ist ebenfalls fest in der islamischen Tradition verwurzelt. Zu Lebzeiten des Propheten Muhammad existierte auf der Arabischen Halbinsel des 7. Jahrhunderts eine ausgeprägte verbale Kultur, in der umfangreiche Texte wie lange Gedichte auswendig gelernt wurden. Einerseits war Schreibmaterial teuer und daher viel zu rar. Andererseits war die Zahl der Analphabeten sehr hoch. Daher beherrschte eine lange Reihe von Gefährten des Propheten die Offenbarungen auswendig, und die Schreibkundigen nahmen bei der Konsolidierung des Korantextes eine wichtige Rolle ein. Begünstigt wurde und wird das Auswendiglernen zudem dadurch, dass in den täglichen rituellen Gebeten die Korantexte auswendig rezitiert werden. In den arabischen Moscheen ist es noch heute üblich, im Monat *Ramadan* den gesamten Korantext zusammenhängend vorzutragen. In vielen islamischen Ländern existieren eigens Schulen, die allein den Zweck verfolgen, dass Schülerinnen und Schüler den gesamten Koran auswendig lernen. Sie erhalten den Titel *Hafiz* (Behüter des Korans). Allein in der Türkei werden jährlich hunderte *Hafiz* ausgebildet.

• Betreuung der Gemeinde
Während die Leitung der Gemeinschaftsgebete und die religiöse Unterweisung zu den Hauptaufgaben des Imams zählen, schließt die Betreuung der Gemeinde zahlreiche formelle und informelle Aufgaben mit ein. Je nach Problembewusst-

sein, individuellem Engagement und Kompetenz sowie der Qualifikation des Imams kann das Aufgabenspektrum variieren. Neben der rituellen Leichenwaschung und dem dazugehörigen Totengebet, die beide zu den Pflichten eines jeden Imams zählen, können die Seelsorge der Gläubigen, Dialogveranstaltungen, Trauungen und Hochzeiten zu seinem Aufgabenfeld hinzutreten. Sogar bei körperlichen Krankheiten oder bei Besessenheit von *Dschinnen* (Geister) können Imame konsultiert werden, im Glauben daran, durch Koranrezitation oder durch Auflegen religiöser Amulette Heilung zu erlangen. Die magische Bewältigung von Lebensproblemen ist ein Volksglaube – vergleichbar mit westlichen Varianten wie etwa dem Horoskop oder dem Lesen aus Karten –, der in der Türkei weit verbreitet ist und auch unter den Muslimen in Deutschland praktiziert wird. Koranverse werden als magische Beschwörungs- bzw. Zauberformeln oder in Form von Amuletten eingesetzt, um vor dem „Bösen Blick" bzw. dem „Übel des Neiders" zu schützen. Diese Schwarze Kunst wird auch von einigen Imamen beherrscht und gegen Entgelt praktiziert, ein Thema, das ich später noch aufgreifen werde.

Der Imam übernimmt darüber hinaus die (psychosoziale) Beratung der Gläubigen. Er ist für die Herstellung der sozialen Aussöhnung in der Gemeinde sowie für die Vermittlung in Ehe- und Scheidungskonflikten zuständig. Da andere außerfamiliäre, professionelle Institutionen nicht aufgesucht werden, gehen muslimische Paare in der Gemeinde auf die Vermittlungsbemühungen des Imams ein. Sicherheit und Vertrauen sind wichtige Schlüsselbegriffe für die Paare bei derart hochgradig emotional aufgeladenen und intimen Konflikten.

## Bildungs- und Ausbildungshintergrund

Imame in Deutschland bilden keine homogene Gruppe. Sie kommen aus unterschiedlichen Ländern, vertreten unterschiedliche religiöse Positionen, unterschiedliche Einstellungen zur Moderne und verfügen über ein unterschiedlich hohes Bildungsniveau. Imam ist also nicht gleich Imam. Imame sind kein monolithischer Block, im Gegenteil: Das soziale und intellektuelle Gefälle unter ihnen ist sehr groß. Ihr Bildungs- und Ausbildungshintergrund lässt sich dabei folgendermaßen gliedern:

- Imame, die ein theologisches Studium absolviert haben. Sie weisen unter allen Imamen die höchste Qualifikation auf. Hierbei spielt es allerdings eine Rolle, in welchem islamischen Land das Studium absolviert wurde. Bei den bosnischen Imamen mache ich beispielsweise die Erfahrung, dass ein großer Unterschied zwischen einem Studium in Bosnien oder in einem arabischen Land (wie etwa an der Universität in Medina/Saudi-Arabien) besteht. Abschlüsse aus Bosnien sind in der Regel hochwertiger und die Imame weltoffener. Der europäische Touch ihres Theologiestudiums wird deutlich.

- Imame, die in einem privaten Bildungszentrum einer islamischen Organisation ausgebildet worden sind (wie z.B. Imame des Verbandes der Islamischen Kulturzentren). Sie weisen zwar eine solide Grundbildung auf und sind in der Regel in Deutschland sozialisiert, aber sie sind eben keine Akademiker. Die Zulassungsvorrausetzungen zum Studium sind sehr niedrig gehalten. Das ist insofern ein Problem, da die Erfassung komplexer religiöser und sozialer Sachverhalte sowie ihre Reflexion eine akademische Bildung voraussetzen.

- Imame, die eine klassische Ausbildung in einer *Madrasa* (klassische höhere islamische Bildungsstätte) genossen haben. Diese Bildungsstätten haben in der islamischen Geschichte eine herausragende Rolle gespielt. Fand die Ausbildung der religiösen Gelehrten in den Anfängen des Islam noch in den Räumen der Moscheen statt, entwickelten sich mit der Zeit selbständige Institutionen mit einem eigenen Gebäudekomplex (Betsälen, Lehrräumen, Bibliothek, Internat). Mit der Stagnation des Islam haben diese Institutionen seit dem 16. Jahrhundert zunehmend an Bedeutung verloren, weil sie u.a. auf aktuelle Probleme keine Antworten mehr zu geben wussten und sich nach wie vor auf eine klassische Ausbildung konzentrierten. Auswendiglernen und Nachahmen gehören zu den wesentlichen Grundelementen ihrer Pädagogik. Die Zahl der Madrasas ist insgesamt drastisch zurückgegangen. So weisen gegenwärtig eher die älteren Imame noch eine Madrasa-Ausbildung auf. In der Türkei wurden diese unabhängigen Ausbildungsstätten 1924 im Zuge der staatlichen Repressalien geschlossen und an ihrer Stelle die staatliche Imam-Hatip-Schulen errichtet. Mystische Gruppen versuchen diese alten Institutionen wieder zu beleben.

- Imame, die eine Berufsfachschule bzw. ein Gymnasium für Vorbeter und Prediger (Imam-Hatip-Schulen) besucht haben. Hier wird nach staatlich autorisierten Lehrplänen unterrichtet. Im Mittelpunkt der Elementarerziehung steht vor allem das Auswendiglernen des gesamten Korans. Ein Theologiestudium wird von den meisten Imamen wegen fehlender Qualifikation oder materieller Probleme der Familie nicht aufgenommen; das wird ein Leben lang bedauert. Gegenüber studierten Imamen entwickelt sich das Gefühl, nur in der zweiten Liga zu spielen.

- Imame, die Autodidakten sind, d.h., die sich durch Selbststudium Kenntnisse über den Islam angeeignet haben. Viele Menschen erreichen selbständig eine Bildung, wie im Bereich Fremdsprachenerwerb, auf hohem Niveau. Diese Art von Studium ist allerdings in der Theologie auch mit Risiken verbunden, weil in einem solchen Studium nur selektiv vorgegangen wird. Das ganze Spektrum der islamischen Theologie wird durch diese „Selfmade-Imame" nicht erfasst. Dennoch treten sie überaus selbstbewusst auf.

## Aufenthalts- und Beschäftigungsverhältnis

Ähnlich wie die Qualifikation differieren auch das Aufenthalts- und das Beschäftigungsverhältnis der Imame in Deutschland erheblich. Grob lässt sich das Spektrum wie folgt skizzieren:

- Beamte: Die Imame der DITIB (Türkisch-Islamische Union) sind beispielsweise Beamte des türkischen Staates. Ähnlich wie Diplomaten werden sie nach einem Rotationsverfahren alle vier Jahre ausgetauscht. Sie haben in der Regel das sicherste Beschäftigungsverhältnis und werden entsprechend gut entlohnt. Mittlerweile wird den Imamen, die sich gute Deutschkenntnisse angeeignet haben, angeboten, ihren Aufenthalt zu verlängern, um in der DITIB in Deutschland weiterhin tätig zu sein. Denn deutschsprachige Mitarbeiter sind rar.

- Angestellte: Imame dieser Kategorie verfügen ebenfalls über einen relativ sicheren Einkommens- und Aufenthaltsstatus. In der Regel wachsen sie in den jeweiligen Organisationsstrukturen (wie z.B. VIKZ) auf und werden auch von diesen ausgebildet. Sie bleiben der Linie ihrer Organisation ihr Leben lang treu. Sie heiraten in der Regel auch eine Frau, die Mitglied in der Organisation ist; ihre Kinder werden selbstverständlich auch Mitglieder der Organisation und wachsen in diesen Strukturen auf.

- Pendel-Imame: Einige Imame reisen mit einem Touristenvisum ein und müssen alle drei Monate ausreisen, um wieder in die Bundesrepublik Deutschland einreisen zu können. Das durchschnittliche Alter dieser Imame ist relativ hoch. Viele pensionierte DITIB-Imame befinden sich in dieser Kategorie. Ihr Beschäftigungsverhältnis ist ziemlich unsicher: Da in der Regel die Moscheegemeinde den Lohn des Imams auszahlt, sind Konflikte oft unvermeidlich. Der Fluktuationsprozess der Imame in dieser Kategorie ist entsprechend hoch. Ihr Lohn hängt zudem von der Größe und Zahlungsbereitschaft der Gemeinde ab.

- Heiratsmigranten: Diese Gruppe von Imamen ist aufgrund ihrer Heirat mit einer deutschen Frau eingereist.

Sie haben durch ihre Ehefrau einen gesicherten Aufenthaltsstatus. Aufgrund ihrer Qualifikation finden sie später in Moscheen eine Anstellung als Imam. Eingestellt werden sie entweder als Vollzeit-, Teilzeit- oder Hilfs-Imam (nur an Wochenenden). Aufgrund ihres generell höheren Bildungsniveaus und ihrer größeren Erwartungshaltung sind sie oft mit ihrer Situation unzufrieden. Daneben ist noch zu erwähnen, dass sie die gleichen Probleme wie alle „Import-Bräutigame" aufweisen.

- Inländer: Eine kleine Gruppe von Imamen ist in Deutschland aufgewachsen, für ein Islam-Studium in die Türkei oder in ein arabisches Land (in der Regel Syrien, Ägypten, Saudi-Arabien oder Jordanien) gereist und nach dem Studium wieder in die Bundesrepublik eingereist. Trotz eines Studiums ist ihre Situation ähnlich wie bei den Imamen in der Kategorie der Heiratsmigranten. Viele von ihnen wünschen sich daher, als Lehrer für islamische Religion in Deutschland zu arbeiten.

- Gastarbeiter: Das sind die Imame der ersten Stunde. Sie sind in den 1960er Jahren als Gastarbeiter eingereist und haben bei der Organisierung und Weiterbildung der Muslime eine zentrale Rolle gespielt. Ihre Bildung geht meist auf den Besuch einer religiösen Schule oder auf Privatunterricht in den Gemeinden der Herkunftsländer zurück. Bis in die 1980er Jahre hinein haben viele dieser Gastarbeiter-Imame parallel zu ihrer Schichtarbeit die Rolle des Imams in Moscheen übernommen. Im Rentenalter sind sie nach wie vor als Hilfs-Imame – ehrenamtlich oder gegen geringe Entlohnung – aktiv.

## 2. Meine Methode:
## Nicht über die Imame, sondern mit ihnen reden

Studien und Untersuchungen zu Imamen sind ein heißes Eisen. Und so verwundert es nicht, dass der Zugang zu dieser Gruppe für mich nicht immer einfach war. Im Normalfall muss man sich eine Genehmigung von den türkisch-islamischen Dachverbänden einholen, um Interviews mit den Imamen führen zu können. Allerdings ist dieser Weg riskant: Denn erstens herrscht aufgrund der negativen Erfahrungen der Verbände mit den Medien in den letzten Jahren ein Generalverdacht gegenüber jeder Untersuchung. Zweitens hätte ich – aufgrund dieses Misstrauens – bei einem „Nein" von oben keine Chance mehr, in das Feld zu gehen. Tür und Tor wären verriegelt. Daher habe ich auf eine bewährte Zugangsmethode zurückgegriffen und auf vertrauensbildende Maßnahmen gesetzt: Auf lokaler Ebene knüpfte ich Kontakte zu Moscheenmitgliedern, die mich dann – nachdem eine Vertrauensbeziehung aufgebaut werden konnte – zu den Imamen weitergeleitet haben. Dieser Prozess ist für einen Einzelnen sehr zeitaufwendig.

Den Imamen musste ich zudem die Anonymisierung ihres Namens und der jeweiligen Moschee zusagen. Auch die entsprechende Stadt, in der sie leben und arbeiten, sollte nicht genannt werden. Das waren Arrangements, denen ich problemlos zustimmen konnte. Schließlich riskierten viele Imame mit ihrer Teilnahme an der Untersuchung Konsequenzen seitens ihrer Organisationen. Interviewt wurden türkische Imame, auch überwiegend in türkischer Sprache in den jeweiligen Moscheen, die folgenden türkisch-islamischen Dachverbänden bzw. Organisationsstrukturen zugehörig sind:

## Türkisch-islamische Organisationen

*DITIB (Türkisch-Islamische Union der Anstalt für Religion e.V.):* Die DITIB ist der größte islamische Verband in Deutschland und unterhält über 800 Moschee- und Kulturvereine. Etwa 100 000 Mitglieder zählt diese Organisation. Dabei darf man nicht vergessen, dass in der Regel nur die Familienväter als Vereinsmitglied in den Verbänden geführt werden. Zählt man die Familienmitglieder und andere Besucher hinzu, so erhöht sich die Zahl erheblich. Die DITIB ist Anfang der 1980er Jahre von der türkischen Regierung unter der Militärjunta gegründet worden und gilt als der verlängerte Arm der staatlichen Religionsbehörde in der Türkei. Die Emanzipation der türkischen Muslime in Europa war dem Staat ein Dorn im Auge. Daher war und ist es das Ziel der DITIB, über die Imame Einfluss auf die türkischen Muslime in Deutschland zu nehmen. Der Verband vertritt einen gemäßigten Islam, wobei die Pflege der türkischen Normen und Werte einen wichtigen Schwerpunkt der Arbeit darstellt. Neben religiösen verfolgt sie auch politische Ziele wie z.B. die Stärkung der Bindung an die Türkei. Die Imame sind in der Regel an theologischen Fakultäten ausgebildet. Nach dem Rotationsverfahren werden die Imame nach vier Jahren Dienst ausgewechselt.

*Verband Islamischer Kulturzentren (VIKZ)*: Der VIKZ ist 1973 in Deutschland gegründet worden. Er lehnt staatlich-religiöse Einrichtungen wie die DITIB vehement ab. Der VIKZ zählt zu den ersten nichtstaatlichen islamischen Bewegungen, die sich in Deutschland um die religiöse Betreuung der türkischen Muslime sorgten. Seine Imame bildet er selber aus. Zu diesem Zweck unterhält der Verband überwiegend in der Türkei und zunehmend in diversen europäischen Städten viele Bildungszentren. Der VIKZ zählt ca. 300 Moscheevereine in Deutschland und hat etwa 24 000 Mitglieder. In der Regel haben die Imame einen gefestigten Aufenthaltsstatus.

*Islamische Gemeinschaft Milli Görüş (IGMG)*: Die Organisation unterhält etwa 400 Vereine bundesweit und zählt etwa 27 000 Mitglieder. Diese nichtstaatliche Organisation gehört zu den vielen islamischen Oppositionsbewegungen in der Türkei. Integrationsfigur und Chefideologe der Bewegung ist der ehemalige türkische Ministerpräsident Necmettin Erbakan. Die IGMG wird als islamistische Organisation eingestuft und vom Verfassungsschutz beobachtet. Bisher hat die IGMG keine eigenen Ausbildungsstätten für Imame, plant aber eigene Ausbildungsprogramme in Europa. Ihre Imame sind entweder pensionierte Imame der Diyanet oder in arabischen Ländern (Syrien, Ägypten oder Saudi-Arabien) studierte Personen aus Deutschland bzw. solche, die auf dem Wege der Familienzusammenführung nach Deutschland kommen. Daher variieren Altersstruktur sowie Aufenthaltsstatus und -dauer erheblich.

*Föderation der Türkisch-Demokratischen Idealistenvereine in Europa (FTDIE):* Diese Organisation steht der als nationalistisch eingestuften Partei MHP (auch als Graue Wölfe bekannt) nahe. Die MHP ist im türkischen Parlament als Opposition vertreten. Derzeit sorgen sie durch ihre ablehnende Haltung gegenüber einer Liberalisierung der staatlichen Kurdenpolitik für Aufsehen.

Die türkischen Rechten haben längst ihren Zenit überschritten und sind in verschiedene Gruppen zersplittert. Die MHP spielte vor allem in den 1970er und 1980er Jahren unter den Türken in Deutschland eine wichtige Rolle. Heute ist die Organisation durch Abkopplungsprozesse und Mitgliederschwund gekennzeichnet. Allerdings hat sie in Zeiten politischer Krisen erfahrungsgemäß immer größeren Zulauf. In Deutschland dürfte sie daher für einen Teil der türkischen Jugendlichen ihre Attraktivität auch in Zukunft noch nicht einbüßen. Da es sich nach wie vor um eine primär politische Bewegung handelt, haben sie keine Strukturen zur Ausbildung von Imamen. Überwiegend werden pensionierte DITIB-Imame oder arbeitsuchende Imame anderer Verbände eingestellt. Ihre Mitgliederzahlen liegen unter 10 000. Sie unterhalten schätzungsweise 100 Vereine.

*Union der Türkisch-Islamischen Kulturvereine in Europa (ATIB):* Die ATIP ist eine national-konservative Organisation, die 1987 durch Abspaltung von den Grauen Wölfen entstand. Diese Gruppe hatte schon in ihrer Zeit bei den Grauen Wölfen der Religion eine größere Bedeutung beigemessen als der türkischen Nationalität. Nach eigenen Angaben unterhalten sie etwa 120 Moscheevereine, wobei die Mitgliederzahl bei etwa 11 000 liegt. Die Imame, die bei der

ATIB tätig sind, sind entweder pensionierte Imame der DI-
TIB oder andere qualifizierte Imame, die von der Gemeinde
bezahlt werden.

*Nakschibendi-Gemeinschaft:* Diese Gruppe nennt sich auch
„Menzilciler", nach dem osttürkischen Dorf Menzil, in dem
sich ihr Hauptzentrum befindet und ihr geistiger Führer
lebt. Die Mitgliederzahl liegt etwa zwischen 5000 und 7000,
die Zahl ihrer Vereine liegt unter 50. Diese Organisation ist
eine mystische Bewegung und vor allem für deutsche Konvertiten sehr attraktiv. Politik spielt hier eine untergeordnete
Rolle. Ihr Zentrum liegt in Castrop-Rauxel/NRW, wo an jedem Wochenende hunderte Gläubige aus Deutschland und
Europa (Niederlande, Frankreich, Belgien, Dänemark) hin-
strömen. Seit einem Jahr haben sie in Berlin eine Madrasa
eröffnet und bilden ihre Imame selbst aus. Bis dato wurden
die Imame in ihren Einrichtungen in der Türkei ausgebildet.

*Moschee- und „Kultur"-Vereine der Extremisten:* Innerhalb
der Muslime bilden die Extremisten ein quantitatives
Randphänomen. Weder ihre Mitgliederzahlen (offizielle
Mitgliederlisten existieren nicht) noch die Anzahl ihrer Einrichtungen sind bekannt. Meist nutzen sie auch keine Moscheen, sondern irgendwelche Kultureinrichtungen in gettoisierten Stadtteilen – um nicht aufzufallen. Bei ihren Imamen
handelt es sich überwiegend um nichtstudierte Theologen,
bestenfalls haben sie in einem islamischen Land das Grund-
studium absolviert (um die arabische Sprache zu erlernen).
Sie sind überwiegend ehrenamtlich tätig und üben in den
letzten Jahren eine hohe Faszination auf muslimische wie

nichtmuslimische Jugendliche aus. Die islamischen Dachverbände kämpfen mit dem Problem, ihre jungen Mitglieder an die Extremisten zu verlieren.

## Interviews und Typenbildung

Bei der Fallgruppe der Imame handelte es sich um ein bislang unbekanntes Terrain. Daher war es mir vor allem wichtig, dass die Imame zu Wort kommen. Einerseits habe ich jahrelang die Predigten und die Islamkurse in den Moscheen beobachtet; dadurch gelang es mir, größtmögliche Nähe zur Alltagssituation der Imame zu erlangen. Andererseits habe ich mit über vierzig Imamen intensive Interviews geführt. Meine Fragen räumten den Imamen die Möglichkeit ein, im Gesprächsverlauf eigene Schwerpunkte zu setzen. Relativ schnell kristallisierten sich bei den Imamen unterschiedliche Biografien, Einstellungen, religiöse und politische Orientierungen heraus. Durch Vergleich der Interviewinhalte habe ich diejenigen Imame mit gemeinsamen Mustern zu Gruppen zusammengefasst. Denn wir haben bis heute keine zuverlässigen Informationen darüber, welche Kategorien von Imamen in Deutschland predigen. Mir geht es also nicht darum, die Grundgesamtheit der Imame repräsentativ abzubilden, sondern vielmehr darum, die Typenvielfalt innerhalb der Imamgruppe aufzuzeigen. Allerdings sei an dieser Stelle angemerkt, dass ich im Laufe der Jahre mit über 250 Imamen ins Gespräch gekommen bin und somit über ein fundiertes Vorwissen über diese Gruppe verfügt habe, bevor ich letztlich die Tiefeninterviews für dieses Buch führte. Ich behalte mir vor, zu einem späteren Zeitpunkt weitere quantitative Daten zu diesem Thema in einer eigenständigen wissenschaftlichen Studie zu veröffentlichen.

Sicherlich ist es immer heikel, Menschen in eine Kategorie und damit womöglich in ein Schema zu pressen. Allerdings sind solche Systematisierungen für die Praxis sehr wichtig. Wir brauchen Kategorien für die Orientierung und Intervenierung in diesem Feld. Vor diesem Hintergrund werden im Folgenden verschiedene Imam-Typen vorgestellt. Es sind exemplarische Imame, die exemplarische Aussagen machten. Die Texte sind dabei mit zahlreichen Originalzitaten angereichert, damit der Leser einen unverzerrten Einblick in die Lebens- und Gedankenwelt der Imame erhält. In diese Gedanken- und Lebenswelt wollen wir in den nächsten Kapiteln eintauchen. Dabei werden wir zunächst in die 1960er Jahre zurückgehen, als die ersten Imame als Gastarbeiter nach Deutschland einreisten.

# 3. Traditionell-konservative Imame: Die Preußen unter den Imamen

Die Imame der Kategorie „Traditionell-konservativ" bilden zahlenmäßig die größte Gruppe unter allen Imamen (etwa 75 Prozent). Sie sind der dogmatischen und liturgischen Tradition verbunden. Autoritätsgläubigkeit, Gehorsam, Gottesfurcht bei religiöser Toleranz und Patriotismus sind wichtige Werte, die sie vertreten. Ismail Z. ist 43 Jahre alt (verheiratet, ein Kind), er lebt seit 1998 in Deutschland. Wie viele andere Imame hat er sich für den Beruf entschieden, weil:

*„So, irgendwann musste ich mich entscheiden. Entweder werde ich professioneller Fußballer wie mein älterer Bruder, oder ich werde ein Imam. Ich hatte bereits einige Angebote von türkischen Erstligisten erhalten. Mein Vater sagte zu mir: ‚Mein Sohn, uns geht es materiell sehr gut, daher soll es dir nicht ums Geld gehen. Mein Wunsch ist es, dass du ein Mann der Religion wirst.' Mein Herz wollte Fußballer werden, aber mein Vater, mein Arabischlehrer und mein Schwager, der selbst ein Mufti (islamischer Rechtsgelehrter, der Rechtsgutachten erstellen kann, R. C.) war, haben mich zu einem Theologiestudium überredet. Damit war meine Karriere als Profifußballer beendet, bevor sie überhaupt begonnen hatte."*

So oder ähnlich haben es mir die meisten Imame berichtet. Hat man eine schöne Stimme und stammt aus einer säkularen Familie, wird eher eine Gesangskarriere gefördert. In religiös-konservativen Familien dagegen eine religiöse

Karriere – um den Koran mit einer schönen Stimme zu rezitieren.

## Der Imam als Gastarbeiter:
## Pionier-Imame organisieren Moschee-Gründungen

Die Geschichte der traditionell-konservativen Imame beginnt mit der Einwanderung der türkisch-muslimischen Gastarbeiter in den 1960er Jahren nach Deutschland. Diese Menschen wollten für ein paar Jahre in Deutschland arbeiten, dann mit den Ersparnissen in die Türkei zurückkehren. Den berühmten Spruch von Max Frisch „Wir riefen Arbeitskräfte, und es kamen Menschen" müsste man ergänzen: Es kamen auch Imame. Unter diesen Gastarbeitern gab es eine kleine Gruppe, die in der Türkei die *Imam-Hatip* absolviert oder in der Familie eine solide religiöse Erziehung genossen hatte. Sie führten ihr frommes Leben in Deutschland weiter. Moscheevereine als Orte der Ausübung ihrer Religion existierten damals noch nicht. Weder der türkische noch der deutsche Staat hatten sich in den Anwerbevereinbarungen Gedanken über die religiöse Betreuung der Gastarbeiter gemacht. Die religiösen Strukturen schufen sich die Gastarbeiter im Laufe ihres Aufenthaltes in Deutschland selbst.

Den Beginn machten vor allem die Schüler der berühmten Gelehrten Said Nursi (1876–1960) und Süleyman Hilmi Tunahan (1888–1959). Beide vertreten einen konservativen Islam. Wegen ihrer religiösen Bildung hatten deren Schüler eine Vorbildfunktion unter den türkischen Gastarbeitern. Diese historische Phase möchte ich im Folgenden skizzieren, wobei vor allem der traditionell-konservative Imam Said M.

zu Wort kommen soll. Er ist ein wichtiger Zeitzeuge und einer der ersten Imame in Deutschland. Als Anhänger des Gelehrten Said Nursi hat er gemeinsam mit anderen Persönlichkeiten wie Ali U., einem damals offenkundig sehr engagierten und bekannten Muslim, bundesweit Vorarbeit für die Moscheegründungen in Deutschland geleistet. Damit beginnt auch die Tätigkeit der traditionell-konservativen Imame hierzulande:

*„Wir sind mit 450 Personen nach Deutschland eingereist. Unter den 450 Personen gab es keinen einzigen türkischen Gastarbeiter bis auf mich, der den Freitagsgottesdienst leiten konnte. Erst in Deutschland habe ich daher meine religiöse Bildung zu schätzen gelernt. Damals gab es weder Moscheen noch Gemeinden oder Imame in Deutschland. Es gab nur wenige Türken, die in der Türkei eine gute religiöse Bildung genossen hatten, wie z.B. der bekannte Ali U., der sehr viel für die Organisation und für die Weiterbildung der Muslime getan hat. Ihm war kein Weg zu weit, wenn er einen türkischen Gastarbeiter den Islam lehren konnte. Selbst wenn es nur eine Person war, nahm er lange Strecken in Kauf. Er organisierte die türkischen Muslime in Deutschland, und 1973 bis 1974 hielt er zahlreiche Vorträge. Ich kann mich sogar noch an die damalige Schlagzeile in der Hürriyet erinnern, die lautete ‚In einem Jahr über 400 Konferenzen‘. Den Artikel habe ich bis heute aufbewahrt."* (Imam Said M.)

Die wenigen gut ausgebildeten Imame mussten nach einer harten Schicht in der Fabrik viele Muslime religiös betreuen. Auf einen Imam kamen mehrere hundert Gastarbeiter. Darüber hinaus übernahmen auch diejenigen Gastarbeiter die Rolle des Imams, die in der Türkei vom Elternhaus

– meist in mündlicher Überlieferung – eine religiöse Erziehung genossen hatten. Sie waren in der Regel frommer als andere in der Freundesgruppe. In den Augen der anderen Gastarbeiter genossen die „braven Muslime" besonderes Ansehen. Die frommen Gastarbeiter wurden trotz fehlender institutioneller Ausbildung und Qualifikation mit den Titel „Imam" oder „Hodscha" gerufen.

Die meisten türkischen Gastarbeiter führten dagegen ein ausgiebiges Junggesellenleben. Die religiöse Praxis war in der ersten Generation der muslimischen Gastarbeiter schwach ausgeprägt. Zwar stammten die meisten von ihnen aus religiös-konservativen Familien, doch in Deutschland war man nicht der sozialen Kontrolle wie in der Heimat ausgesetzt. Daher gehörten die Verführungen des Alltags wie Frauen und Alkohol zum festen Bestandteil der arbeitsfreien Tage. Dieses Phänomen liegt in der Lebensphase der türkischen Migranten begründet, die in der ländlichen Türkei eng mit folgender religiösen Praxis verknüpft ist: Junge Menschen umgehen religiöse Verpflichtungen, um solchermaßen entstandene „religiöse Schulden" in einer späteren Lebensphase zu begleichen. Dazu Werner Schiffauer: „Man beginnt regelmäßig zu beten, um – wie man sagt – ‚nicht schuldig vor Gott zu sterben'. Zahlreiche alte Männer stehen morgens frühzeitig auf, um die Gebete nachzuholen, die sie in ihrer Jugend versäumt haben."

Die Gastarbeiter waren jung und wollten das Leben in vollen Zügen genießen. Die soziale Kontrolle aus der Heimat übernahmen daher die ehrenamtlichen Imame und die praktizierenden Muslime. Diese Sittenwächter sorgten durch die Organisation von Seminaren für den sozialen und religiösen Austausch unter den Muslimen. Man sollte nicht im „Ozean der Migration" versinken und seine religiöse Identität durch die „Moralkorruption" verlieren:

*„Diese Seminare und Konferenzen in verschiedenen deutschen Städten haben dazu beigetragen, dass die Muslime sich kennenlernten und sich austauschten. Dies ist der Auftakt für die Organisierung der Muslime in Deutschland. Das ist die Grundlage für die heutigen muslimischen Strukturen. Menschen, die aus derselben Region der Türkei kamen, lernten sich bei diesen Versammlungen kennen."* (Imam Said M.)

Dieses kommunikative Fundament trug dazu bei, dass die Gastarbeiter in den Wohnheimen Gebetsräume organisierten. Dachgeschosse oder Kellerräume der Unterbringungsheime wurden in „Mini-Moscheen" umfunktioniert. Der Imam aß, schlief und betete mit seiner „Gemeinde" unter einem Dach. Imam Said M. – ein Mann der ersten Stunde – gehört zu den Pionieren in diesem Prozess:

*„Schon in der ersten Woche meiner Ankunft in Deutschland habe ich bei unserem Hausmeister ein paar Decken angefordert, weil wir ja noch kein Geld hatten, um einen großen Teppich zu kaufen. Diese Decken habe ich dann gewaschen, um sie für unseren Gottesdienst zu verwenden. Dann habe ich den anderen muslimischen Werksbewohnern gesagt: ‚Kommt, Freunde, wir werden diese Woche das Freitagsgebet verrichten.' So habe ich als Erster das erste Freitagsgebet überhaupt dort organisiert und die erste Predigt gehalten."* (Imam Said M.)

Der „easy-come, easy-go lifestyle" der weniger frommen türkisch-muslimischen Gastarbeiter wurde spätestens mit der Einreise ihrer Ehefrauen und Kinder im Laufe der Familienzusammenführung in den 1970er Jahren beendet.

Fortan hatten die Männer die Rolle und die Pflichten des türkischen Familienvaters zu erfüllen. Zu den traditionellen Pflichten zählt die religiöse Erziehung der Kinder. Die Werkswohnungen wurden verlassen. Man zog in reguläre Wohnungen in industrienahen Stadtteilen, Moscheevereine – meist in Hinterhöfen – wurden gemietet und später aufgekauft.

Die Geschichte der Auswanderung zeigt, dass Gotteshäuser in der neuen Heimat zu den ersten gegründeten Einrichtungen zählen. Die errichteten Gotteshäuser kennzeichneten die Niederlassung der Einwanderer in der neuen Heimat. Ihre Bedeutung im Aufnahmeland nahm sogar zu, so dass auch weniger religiöse Personen diese Einrichtungen besuchten. So waren beispielsweise deutsche Kirchen für die eingewanderten deutschen Christen im 18. Jahrhundert in Nordamerika wichtige Zentren, weil sie verschiedene Funktionen erfüllten. Wie Bernd G. Längin bemerkt, „sorgten sie für Beistand, gaben den Pionieren Selbstgefühl, halfen ihnen beim Einpendeln in den Rhythmus Amerikas und in neue gesellschaftliche Situationen, informierten und halfen, wo die neuen Möglichkeiten den Neusiedler zu erdrücken drohten". Dies ist auch auf die Religionsfreiheit des Aufnahmelandes zurückzuführen. Den Einwanderern wurde ein religiöses Gemeindeleben nach eigenen Glaubensvorstellungen ermöglicht. Und davon zeugen auch die hiesigen Moscheegründungen. In der Türkei hingegen hat der Staat das Monopol. Für nichtstaatliche Moscheegründungen und Aktivitäten blieb wenig Raum. Mit der Arbeitsmigration nach Deutschland änderte sich die Situation: Viele muslimische Oppositionsbewegungen kamen in den Genuss der Religionsfreiheit.

Die ersten gegründeten Moscheevereine waren zunächst unabhängige, freie Gemeinden, d.h., sie gehörten noch keiner türkisch-islamischen Dachorganisation an. Es waren Bürgerinitiativen. Denn die politische und religiöse Orientierung der türkischen Muslime war nur von sekundärer Bedeutung. Ausschlaggebend war die Verortung der religiösen und sozialen Bedürfnisse. Auch stellte die türkische Sprache für die muslimischen Migranten in der ersten Phase ein wichtiges Identifikationsmerkmal dar. Darauf konnten sich alle stützen. Andere Differenzen traten in den Hintergrund. Denn die Konfrontation mit einer neuen Gesellschaftsordnung in einem fremden Land kann zunächst zum Rückgriff auf vertraute kulturelle Muster führen; das stärkt die Herkunftsidentität. Dem Bedürfnis nach Orientierung und Sicherheit wird dann mit der Bildung neuer gemeinschaftlicher Strukturen begegnet.

Die türkischen Gastarbeiter wollten die eigene Identität in Deutschland bewahren, ihre Traditionen aus der Türkei weiter pflegen. Deswegen rückte man enger zusammen. Vor allem die religiöse Bildung der neu eingereisten Kinder und Jugendlichen war für die türkischen Väter wichtig. Ehrenamtliche Imame bzw. Teilzeit-Imame (Arbeiter, die in ihrer freien Zeit gegen Entgelt den Imam-Beruf ausübten) übernahmen weiterhin die Aufgabe der religiösen Betreuung und Erziehung. Mit den Hinterhof-Moscheen wurden somit die Normen und Werte aus dem Heimatland institutionalisiert. Für die türkischen Muslime waren sie oft die einzigen Zentren des geistlichen und kulturellen Lebens in Deutschland.

Die Bürgerinitiativen in dieser Phase waren eine historische Chance für die türkischen Muslime, sich vom Herkunftsland und von den Organisationen zu emanzipieren.

Allerdings währte die Einigkeit der türkisch-muslimischen Gemeinden nicht lange. Die nichtstaatlichen islamischen Verbände versuchten in den 1970er Jahren aktiv, die Lücken in der religiösen Betreuung weiter zu füllen. Durch Gründungen von Moscheevereinen sollten die türkischen Muslime für ihre Ideen begeistert werden. Die Einheitsgemeinden lösten sich im Laufe der 1970er Jahre im ganzen Bundesgebiet auf, und es entstanden – meist konzentriert in Stadtteilen mit hohem Ausländeranteil – zahlreiche weitere Hinterhof-Moscheen unterschiedlichster Ausrichtungen und Prägungen. Außerdem stellten die nichtstaatlichen muslimischen Verbände ab den 1970er Jahren auch zunehmend Imame ein, die von den Gemeinden bezahlt wurden.

Der türkische Staat hatte diese Phase verschlafen. Doch nicht nur das. Er hegte zudem die Hoffnung, dass irgendwann nicht nur qualifiziertes „Humankapital" zurückkehren werde, sondern auch säkularisiertes. Lediglich der Devisentransfer in die Türkei, die gute alte D-Mark der Gastarbeiter, zählte. Dieses Machtvakuum in der religiösen Betreuung wurde bis dahin zu einem großen Teil von den nichtstaatlichen Organisationen gefüllt. Erst Anfang der 1980er Jahre begann der türkische Staat sich einzumischen. Nach und nach wurden staatlich ausgebildete Imame geschickt, um die türkisch-muslimische Community mitzugestalten und zu kontrollieren:

*„Der türkische Staat ist schuld. Der Staat hat das Feld in Deutschland völlig den nichtstaatlichen Verbänden wie VIKZ und Milli Görüş überlassen. Hätte damals der türkische Staat in den 1970er Jahren islamische Vereine und Organisationen gegründet, hätten diese Spaltungen unter den türkischen Muslimen niemals stattgefunden. Die längeren*

*Arme der nichtstaatlichen, türkisch-islamischen Bewegungen haben in Deutschland für sich neue Möglichkeiten gefunden und versucht, ihre Macht auszubauen. Das Paradoxe ist, dass diese Leute in der Türkei in den gleichen Moscheen beten, aber in Deutschland die türkische Gemeinde spalten. In der Türkei haben wir diese Phase auch erlebt. Und zwar in den 1970er Jahren. Die verschiedenen islamischen Organisationen sprachen von befreiten Zonen, wenn sie in einem Wohngebiet die Überhand gewonnen hatten. Diesen Kampf aus den 1970er Jahren haben die türkischen Gastarbeiter damals nach Deutschland importiert.* " (Imam Selman T.)

Die zahlreichen Konkurrenzkämpfe unter den türkischen Muslimen folgten nicht unbedingt immer politischen oder religiösen Kriterien. Auch die regionale Herkunft ihrer Mitglieder konnte dazu beitragen, dass eine Gemeinde sich spaltete, obwohl sie demselben Verband angehörte. In Duisburg-Hüttenheim existierten beispielsweise jahrelang zwei DITIB-Moscheen in etwa 200 Meter Entfernung. Zu der Spaltung im selben Wohnviertel führte der Machtkampf zwischen den Gemeindemitgliedern aus der Schwarzmeerregion (Lazen) und aus dem nordöstlichen Kars (Karsli). Wenn man sich als Besucher nach der DITIB-Moschee im Viertel erkundigte, erhielt man die Gegenfrage: „Meinst du die Moschee der Lazen oder die Moschee von den Karsli?" Mittlerweile haben Versöhnungsgespräche stattgefunden, und sogar eine gemeinsame Moschee mit Kuppel und Minarett ist in Planung. Fragt sich nur, ob der neue Imam ein Karsli oder ein Laze sein wird?

Auch Grabenkämpfe bei Vorstandswahlen können zu Fehden führen, die an Intrigen und Machtspielchen den berühmten Fernsehserien *Dallas* oder *Denver-Clan* in nichts nachstehen. So manch eine Moscheegemeinde wurde durch derlei Machtkämpfe bei Vorstandswahlen gespalten. Leidtragende können vor allem Imame sein, weil diese Kämpfe über deren Köpfe hinweg ausgetragen werden. Für die ehemaligen Gastarbeiter ist der Stuhl des Vorsitzenden sehr begehrenswert. Denn in der Fabrikhalle schwingt man den Besen, aber nach Feierabend, in der Moschee, trägt man einen Anzug und sitzt auf dem „Sessel der Macht". Das muss sich gut anfühlen!

## Kein Milch und Honig im falschen Paradies

Mit der Gründung der Hinterhof-Moscheen ist in Deutschland ein regelrechter Arbeitsmarkt für Imame entstanden. Kein Wunder also, dass ein formelles und ein informelles Arbeitsamt für Imame existiert. Bei deren Vermittlung spielt ihre ethnische Herkunft als individuelle Zugangsberechtigung zum Arbeitsmarkt eine wesentliche Rolle. In türkischen Moscheen wird man kaum auf arabische Imame treffen, in bosnischen Moscheen kaum auf pakistanische Imame.

Vermittelt werden die Imame auf der einen Seite über die islamischen Organisationen wie beispielsweise die DITIB. Innerhalb dieser Organisationen werden die Stellenausschreibungen in den eigenen Einrichtungen ausgehängt, die Imame können sich bewerben. Das Prozedere bei der DITIB gestaltet sich sehr streng: Die Bewerber müssen schriftliche Prüfungen ablegen, wobei es sich selbstverständlich auch um Gesinnungstests handelt; getestet wird die Loyalität zur DITIB und zum türkischen Staat. Sicherlich spielen in dem einen oder anderen Fall für die Auswahl auch gute Beziehungen zur Zentrale eine Rolle. Auf der anderen Seite sind in den nichtstaatlichen Moscheen informelle Netzwerke und Vitamin B entscheidend. Freunde, Bekannte oder Verwandte empfehlen die Imame an die jeweiligen Moscheevereine. Eine Prozedur wie bei der DITIB findet zwar nicht statt, aber das Profil des Imams muss trotzdem stimmen.

Für die meisten Imame ist der Dienst in Deutschland sehr attraktiv. Die Arbeit verspricht vor allem Geld, und zwar mehr Geld, als man in der Türkei verdienen könnte. Aufgrund dieser Motivation sind bisher hunderte Imame in die Bundesrepublik ein- und wieder ausgereist. Je besser die Imame vor der Einreise Daten und Fakten über Deutschland sammeln, desto realistischer fallen ihre Erwartungen über das Einreiseland aus. Doch gerade hier liegt ein wesentliches Problem: Von den meisten Imamen werden Informationen über Deutschland nicht aus seriösen Quellen geschöpft. Sie beruhen vielmehr auf Mundpropaganda, auf Medienberichten sowie Erfahrungsberichten der Deutsch-Türken. Je geringer und schlechter die Vorbereitung ausfällt, desto größer der Kulturschock. Die traditionell-konservativen Imame beklagten vor diesem Hintergrund in den Gesprächen, dass sich ihre (sozialen und finanziellen) Erwartungen nicht erfüllt haben. Dies gilt insbesondere für diejenigen Imame, die in nichtstaatlichen Moscheen eine Anstellung finden:

*„Uns haben die Almancilar (Deutschländer, R. C.) ein anderes Bild von Deutschland vermittelt. Deutschland war für mich immer ein sehr wohlhabendes Land, wo die Straßen mit Gold gepflastert sind. Dass es nicht so ist, habe ich erst nach meiner Ankunft feststellen müssen. Ich dachte, ich könnte hier gutes Geld verdienen, aber viele Menschen haben hier selbst wirtschaftliche Probleme."* (Imam Oguz D.)

Abgesehen von der Pilgerfahrt nach Mekka ist für die meisten Imame der Deutschlandaufenthalt ihre erste Auslandserfahrung überhaupt. Die mangelhafte Vorbereitung kann zunächst zu erheblichen psychosozialen Belastungen führen. Und so sind die Imame in den ersten Jahren nach ihrer Ankunft in einer Art Orientierungsphase befangen und damit beschäftigt, ihre eigene Integration voranzutreiben. Erschwert wird die Situation dadurch, dass viele Imame kaum Deutsch sprechen und nur mangelhaft über landeskundliches Wissen verfügen. Zudem stellt sich für viele vor der Einreise die Frage: Was mache ich mit meiner Familie? Sollen meine Kinder mit nach Deutschland kommen, sollen sie lieber zu Hause bleiben? Oft kommt es vor, dass entweder die Kinder in der Türkei gelassen werden oder, wenn die Kinder mit einreisen, später im Teenager-Alter nicht mehr zurückwollen. Diese und ähnliche Integrationsprobleme der Imame führen dazu, dass man sich trotz jahrelangem Dienst in Deutschland nie heimisch fühlt:

*„In Deutschland ist nicht nur das Wetter kalt, sondern auch das soziale Klima. Man teilt hier seine Probleme nicht, jeder lebt für sich allein. Zudem finde ich alles zu monoton und absolut ruhig. Sehr schwierig, sich hier einzuleben. Ich möchte am liebsten wieder so schnell wie möglich zurück."* (Imam Erol Ü.)

In den Gesprächen mit den Imamen wurde deutlich, dass ihre Integrationsschwierigkeiten sich nicht allein auf die deutschstämmige Gesellschaft beschränken. Es kommt auch zu einem Clash zwischen der Kultur der Imame und der Deutsch-Türken, der sich wie ein roter Faden durch die gesamten Interviews mit allen Imamen hindurchzieht. Es ist nicht die eigene Desintegration, die die Imame wahrnehmen und akzeptieren wollen; schuld an ihren Schwierigkeiten seien vielmehr die anderen und eben auch die türkisch-islamische Community, die durch das deutsche soziale Klima „erkaltet" sei:

*„Die Türken in der Türkei haben mehr Herzlichkeit, sind barmherziger und warmherziger. Die Türken in Deutschland sind eingebildet, sehr verwöhnt. Das ist der Unterschied zu den Türken in der Türkei."* (Imam Salih D.)

Die Erfahrung, nach der Einreise einer Minderheit anzugehören, ist für die meisten Imame ebenfalls schwere Kost. In der Türkei zählten die Imame zur Mehrheitsgesellschaft und hatten Sozialprestige. Überdies sind die Muslime in Deutschland, anders als in den klassischen Einwanderungsländern, nicht überdurchschnittlich gut qualifiziert. In Amerika oder in Kanada bedeutet das Muslim-Sein, dass man ein Akademiker ist. In Deutschland blicken die Muslime zwar auf eine 50-jährige Einwanderungsgeschichte zurück, aber:

*„Die Deutschen blicken leider auf uns herab. Das liegt daran, dass sie ein schlechtes Bild von den Türken und vom Islam haben. Dafür ist vor allem die erste Generation verantwortlich, weil sie ungebildet waren und den Islam nicht angemessen repräsentieren konnten. Daher legen die Deutschen keinen Wert auf uns. Das lassen die Deutschen uns spüren."* (Imam Himmet F.)

## „Lost in Translation" oder: Sprachlos in Almanya

Traditionell-konservative Imame machen in Deutschland die Erfahrung, dass nicht nur die Türken hier „anders" sind, sondern auch ihre Moscheen. Diese befinden sich

nämlich in einem Wandel, der in mehreren Phasen statt-
fand. In den 1970er bis in die 1980er Jahre wurden Hinterhof-Moscheen gegründet. Die türkisch-islamischen Organisationen lieferten sich gnadenlose Konkurrenzkämpfe um
Mitglieder, und es fanden zahlreiche Spaltungen statt. Oft
war zu beobachten, dass die Mitglieder des einen Dachverbandes die Mitglieder anderer Dachverbände nicht nur
nicht grüßten, sondern gar deren Dasein als Muslim in
Frage stellten. Als Hauptfeindin der nichtstaatlichen Dachverbände galt vor allem die DITIB. Die DITIB-Moscheen
durfte man nicht aufsuchen, hinter den DITIB-Imamen
sollte man nicht beten, ein solches Gebet würde von Gott
nicht angenommen werden. Denn die DITIB sei ein Synonym für staatliche Gewalt und Kontrolle der Religion. In
den Augen der DITIB-Anhänger dagegen waren die Mitglieder der nichtstaatlichen Verbände Separatisten mit ab-
weichenden Glaubensvorstellungen. Ab Mitte der 1980er
Jahre begann eine Konsolidierungsphase: Die großen türkisch-islamischen Organisationen stellten weitgehend die
Kontrolle über ihre Gemeinden sicher, die Konkurrenzkämpfe nahmen ab und finden heute nur noch latent statt.
In diesen beiden Phasen war der Fokus der Gemeinden wesentlich auf die Herkunftsgesellschaft gerichtet, und die
Moscheen übten nur eine religiöse Funktion aus: Moscheen
waren nur zum Beten da. Ab Mitte der 1990er Jahre beginnt die dritte Phase in diesem Prozess, in der sich zunehmend ein Diaspora-Islam entwickelt. Nicht mehr die Orientierung an der Herkunftsgesellschaft, sondern die Auseinandersetzung mit den Problemen der türkischen Muslime
in Deutschland rückt für die Gemeinden in den Vordergrund. Es zählen nicht mehr nur sakrale Funktionen der

Moschee, sondern auch profane. Bei diesem Entwicklungsgang ändern sich auch die Moscheen in ihrem Selbstverständnis. Sie entwickeln sich von rein sakralen zu multifunktionalen Zentren, die soziale Betreuung und Beratung, Bildungsangebote usw. bereitstellen.

In islamischen Ländern, beispielsweise im Osmanischen Reich, haben Moscheen schon immer eine zentrale Rolle im Alltag gespielt. Sie waren *Külliye*, d. h. sozio-religiöse Komplexe. Als sozio-religiöse Zentren erfüllten sie vielfältige Aufgaben. Diese Multifunktionalität haben die Moscheen in islamischen Ländern längst eingebüßt. Neben dem Säkularisierungsprozess in den Herkunftsländern geht dieser Verlust auch auf die Kontrolle der Moscheen durch die Regierungen und Diktatoren zurück und auf deren Angst vor regimekritischen Strömungen. In Deutschland haben sich die (nichtstaatlichen) Moscheen dem Einfluss des Staatsmonopols bezüglich der Definition von Religion entziehen und ein Selbstbestimmungsrecht erlangen können.

Aufgrund der Funktionserweiterung der Moscheevereine in Deutschland sind auch die Anforderungen an die Imame gewachsen. Diese Erfahrung machen viele Imame jedoch erst in Deutschland. In der Türkei wird die Funktion des Imams primär auf seine Rolle als Vorbeter reduziert. Ganz anders dagegen in deutschen Moscheen:

*„Imam bedeutet wortwörtlich Vorbild, Führer der Gemeinde. In der Türkei hat der Imam längst seine vielfältige Rolle verloren. Dort leitet der Imam nur den Gottesdienst und zieht sich bis zum nächsten Gebet zurück und hat kaum Kontakt zur Gemeinde. Die Moscheen in der Türkei sind nur zum Gebet da, in Deutschland gibt es viel mehr Möglichkeiten. Die Moscheen übernehmen viele Aufgaben und*

*werden vom deutschen Staat nicht wie in der Türkei unterdrückt. In den Moscheen in Deutschland gibt es neben dem Gebetsraum noch zahlreiche andere Räumlichkeiten für soziale Aktivitäten."* (Imam Yunus Y.)

Die unterschiedlichsten sozialen und kulturelleren Herausforderungen (Bildungsprobleme, Arbeitslosigkeit, Sprachprobleme usw.) in den gettoisierten Wohngebieten, in denen sich die meisten Hinterhof-Moscheen befinden, haben wesentlich zur Veränderung des Selbstverständnisses der Gemeinden beigetragen. Dieser Orientierungswechsel in der dritten Phase ist also nicht etwa das Ergebnis der Politik der Dachorganisationen. Es ist vielmehr eine Entwicklung in Gang gesetzt worden, die von unten ausgeht. Die lokalen Probleme haben zum Umdenken und zur Umstrukturierung gezwungen. Besonders die jüngeren, in Deutschland sozialisierten Gemeindemitglieder tragen diese Entwicklung. Sie treten für ein neues Verständnis von islamischen Gemeinden ein und erwarten von den Moscheen soziale und kulturelle Angebote. Diese Anforderungen richten sich auch an die Imame, die offensichtlich diesen Herausforderungen nicht gewachsen sind:

*„Die Imame in Europa haben es viel schwerer als in der Türkei. Hier stehen sie vor vielen Herausforderungen. Ich werde bei Ehekonflikten angerufen, dann muss ich Eheberater sein. Wenn mich Eltern wegen der Schulprobleme ihrer Kinder ansprechen, muss ich ein Pädagoge sein. Und wenn jemand in der Gemeinde Schulden hat, die er nicht zahlen kann, dann muss ich vermitteln und sogar den Schuldnerberater spielen. Und das alles muss ich neben meinen regulären Pflichten erledigen. Werde ich dafür angemessen entlohnt? Auf keinen Fall. Es ist wirklich sehr, sehr schwierig,*

*hier als Imam in Europa zu arbeiten. Die Imame aus der Türkei sind auf diese neue Rolle nicht vorbereitet.*" (Imam Ihsan G.)

Indem die Moscheen sich öffnen, entwickeln sie sich stärker zu Orten, an denen interreligiöse Begegnungen stattfinden. Doch während ein solcher Öffnungsprozess bei den Moscheen zu beobachten ist, bleiben die Imame weiterhin verschlossen. Obwohl gerade sie es sind, die aufgrund ihrer Position eine zentrale Rolle im Öffnungsprozess einnehmen sollten, können sie oftmals allein wegen ihrer mangelnden Deutschkompetenzen kaum etwas zu diesem Prozess beitragen. Sie sind auf Dolmetscher angewiesen und verlieren sich auch darüber hinaus im Alltag in den Übersetzungen. Sie bleiben stumm. Die Kommunikationsprobleme der Imame beschränken sich allerdings nicht nur auf die Mehrheitsgesellschaft. Imame haben auch große Probleme in der Kommunikation mit der türkisch-muslimischen Gemeinde:

*„Nach meiner ersten Predigt in dieser Moschee haben mich zwei junge Gemeindemitglieder angesprochen. Sie sagten: ‚Hodscham, ehrlich gesagt haben wir die Predigt nicht verstanden. Du hast ein anderes Türkisch gesprochen.' Ich war ziemlich überrascht, heute bin ich es nicht mehr. Leider beherrschen die jungen Leute weder das Türkische noch das Deutsche hundertprozentig. Nach meiner dritten Predigt bin ich mit dem Sprachniveau deutlich runtergegangen, so weit runter, als würde ich vor Grundschulkindern sprechen.*" (Imam Hayrettin E.)

Dass die türkisch-muslimische Community in Deutschland „anders" ist, bekommen die Imame auch im Islamunterricht zu spüren. Da die Imame in der Türkei ausgebildet sind und ihren Beruf dort jahrelang ausgeübt haben, sind sie eine autoritäre Unterrichtsform gewöhnt. Dieser autoritäre Erziehungsstil ist auf das türkische Bildungssystem insgesamt zurückzuführen, das einen Frontalunterricht propagiert, dessen Schwerpunkte im Memorieren, in Disziplin und Gehorsam liegen. Diese Pädagogik zieht sich durch alle pädagogischen Institutionen in der Türkei – wie das übrigens auch in vielen anderen Schwellenländern und Ländern der sogenannten Dritten Welt der Fall ist. Und so auch in den Moscheen. Eine demokratische Unterrichtskultur ist noch nicht entwickelt. Die türkischen Kinder und Jugendlichen sind dagegen im deutschen Bildungssystem sozialisiert. Sie sind eine liberale Unterrichtskultur gewöhnt und treten selbstbewusst in der Moschee auf. Für den autoritären Erziehungsstil der Imame und den konservativen Lehr- und Lernstil haben die Kinder und Jugendlichen nicht viel übrig. Das ist für die Imame sehr irritierend:

*„Die Kinder haben große Disziplinprobleme. Sie hören kaum zu und wollen dem Unterricht nicht folgen. Sie erkennen mich nicht als Autorität an, ihr Verhalten gegenüber mir ist unverschämt. Sie haben nie gelernt, Verantwortung zu tragen. Ich habe z.B. den Kindern gesagt, dass sie aufstehen müssen, wenn ich in den Kurs komme. Das konnte ich bis heute nicht durchsetzen. Die Schüler in der Türkei wissen, was Respekt bedeutet, sie respektieren den Imam. Das größte Problem, womit ich hier kämpfen muss, sind Autoritätsprobleme der Kinder. Ich kann doch nicht jeden Tag schreien, weil die Kinder mich nicht respektieren.“* (Imam Hasan Ş.)

Die meisten der von mir interviewten traditionell-konservativen Imame blicken erst auf einen kurzen Aufenthalt in Deutschland zurück. Sie sind noch dabei, sich selbst in dieser Gesellschaft zu orientieren und ihren eigenen Kulturschock zu verarbeiten. Wenn die Imame sich besorgt über die türkisch-muslimische Community äußern, dann fließen in ihre Bewertungen auch immer die eigenen Ängste, der eigene Frust mit ein. Dagegen sind die türkischen Muslime in Deutschland in ihrem Integrationsprozess viel fortgeschrittener. Darüber können die Imame aber nicht reflektieren. Kein Wunder, dass viele Imame verzweifeln und ihre Mission auf halber Strecke aufgeben:

*„Ich bin mit einem sehr großen Enthusiasmus, mit sehr viel Motivation an die Arbeit mit den Jugendlichen rangegangen, allerdings habe ich zu den Kindern und Jugendlichen keine Beziehung aufbauen können. Ich habe es fünf bis sechs Monate vergeblich versucht. Ich habe es einfach nicht geschafft, deshalb habe ich es aufgegeben."* (Imam Tuncer I.)


## Im Zangengriff: Imame zwischen Dachverband, Vorstand und Gemeinde

Ein Imam hat es in der Gemeinde nicht einfach. Vor allem Imame, die in nichtstaatlichen Moscheen tätig sind, können das bestätigen. Während die Imame der DITIB ihren Lohn vom Staat erhalten, werden die Monatslöhne der Imame in nichtstaatlichen Moscheen direkt von den Mitgliedsbeiträgen ausgezahlt. Das heißt also: Man hat nicht eine Person als Chef, sondern die ganze Gemeinde. Man muss nicht nur um die Gunst des jeweiligen Dachverbandes, des Vorstandes buhlen, sondern um die der ganzen Gemeinde. Und insbesondere der Vorstand kann einem Imam das Leben schwer machen. In den Vorständen sind überwiegend noch die ehemaligen Gastarbeiter vertreten, die sich mit den Moscheen ihre eigenen Strukturen geschaffen haben, in denen sie „Karriere" machen können. Daher wird die Funktion des Vorstandes auch von weniger kompetenten Moscheemitgliedern ausgeübt. Man lässt die Imame spüren, wer der „Chef im Laden" ist. Und da der Vorstand auch über das weitere Schicksal des Imams in der Gemeinde bestimmt, ist der Imam zumeist gezwungen, sich gut mit den Mitgliedern des Vorstands zu stellen.

Im Zuge meiner Recherchen bin ich sogar auf einen Fall in einer DITIB-Moschee gestoßen, wo der Ex-Vorsitzende nach seiner Abwahl – insgesamt hatte er volle sechzehn Jahre als Vorsitzender der Moschee fungiert – den Imam für das Ende seiner Karriere verantwortlich machte. Er startete einen regelrechten persönlichen Rachefeldzug gegen den Imam und zeigte ihn beim Religionsattaché wegen politischer Umtriebe an. Diese Verleumdung nutzte nichts. Da der Imam ein Beamter des türkischen Staates ist, saß er natürlich fest im Sattel. In nichtstaatlichen Moscheen würde der Imam allerdings nicht so glimpflich davonkommen. Diese und ähnliche Konflikte erklären vor allem die hohe Fluktuation in den nichtstaatlichen Moscheen. Imame kommen und gehen wie die Kellner. Wenn ein Imam nicht die offizielle Organisationslinie des Dachverbandes befolgt, wenn er etwas selbständiger wird, den Vorstand kritisiert, wenn er Gemeindemitglieder mit einer hohen informellen Machtposition herausfordert oder aber es nur wagt, eine Lohnerhöhung zu beantragen, riskiert er damit seinen Posten:

*„Die Imame in den Gemeinden haben mit großen Problemen zu kämpfen. Das beginnt damit, dass die Personen in den Vorständen den Wert der Imame nicht wertschätzen. Meistens werden solche Typen in die Vorstände gewählt. Zweitens sieht man den Imam wie einen durchschnittlichen Arbeiter, der, wie die anderen auch, irgendwo in einer Fabrik arbeitet. Dies führt dazu, dass sie ihn für sehr wenig Lohn arbeiten lassen. Wir werden unterbezahlt. Ich habe letzte Woche z. B. den Vorstand darum gebeten, meinen Lohn wirklich nur geringfügig anzuheben. Die Antwort darauf war: ‚Hier ist die Tür, du kannst jederzeit gehen.‘ Denn die Gemeinde bezahlt letztendlich den Lohn der Imame. Sie zahlen Mitgliedsbeiträge oder spenden Geld, und diese Gelder gehen an die Dachverbände, und die zahlen wiederum unseren Lohn aus. Das ist ein Problem. Deshalb muss der Imam sich mit seinen Geldgebern, welche die gesamte Gemeinde ja ist, gut stellen und vieles runterschlucken.“* (Imam Ömer S.)

Die Rollenvorstellungen, wie ein Imam sein sollte, werden vom Dachverband, vom Vorstand und von der Gemeinde bestimmt. Diese vielfältigen Zuschreibungen und Projektionen machen es dem Imam nicht einfach, diese Fremdrolle in eine eigene zu verwandeln. Der Kulturschock in Deutschland, die eigene Orientierungssuche in dem neuen Land, die Kommunikationsprobleme mit den Kindern und Jugendlichen und die Hilflosigkeit im Bermudadreieck Dachverband, Vorstand und Gemeinde tangieren insgesamt die Motivation der Imame in Deutschland. Diese Strukturen engen die Handlungsfreiheit der Imame stark ein. Da flüchtet man gerne in Erinnerungen, in bessere Zeiten:

*„Als ich damals in der Türkei meinen Wehrdienst leistete, gab es in der Nähe der Kaserne ein Café. Dort hielten sich immer drei ältere Herren auf, die alle über siebzig Jahre waren. Immer wenn ich in das Café ging und sie mit ‚As-Salamu Alaikum' (Der Friede sei mit euch, R.C.) begrüßte, standen alle aus Respekt vor mir auf, weil ich ein Imam war. Ich habe sie zwar oft darum gebeten, nicht mehr aufzustehen, doch sie antworteten nur: ‚Wenn wir nicht aufstehen würden, dann würden die jungen Männer hier im Café die Bedeutung eines religiösen Mannes nicht zu schätzen wissen. Sie sollen es von uns sehen und es verstehen.' Sie setzten sich so lange nicht hin, bis ich auf meinem Stuhl Platz genommen hatte. Das Café verwandelte sich in eine Moschee und die Café-Gäste zu einer Gemeinde. Aber das ist Vergangenheit."* (Imam Said M.)

## „Deutschland ist doch schon wie ein islamischer Staat"

Nur zu gern würde die kemalistische Elite in der Türkei die fast siebenhundertjährige Osmanische Geschichte ihres Landes gänzlich ausradieren. Davon zeugen die nationalistische Historiografie und die Sprach- und Schriftreform, in deren Verlauf die arabische Schrift über Nacht durch die lateinische ersetzt wurde. Darüber hinaus wurde eine Sprachbereinigung vorgenommen, deren Intention Fikret Adanir darin erkennt, arabische und persische Ausdrücke durch ihre türkischen Entsprechungen oder Neuschöpfungen zu ersetzen. Negative Folge war und ist, dass die Jugend, die das arabische Alphabet nicht mehr lernte, die vor 1928

72

gedruckten Bücher nicht mehr lesen konnte. Mit der Zeit war die junge Generation auch außerstande, die klassischen Werke der eigenen Literatur überhaupt nur zu verstehen. Während wir heute in Deutschland problemlos Goethes Werke lesen und verstehen können, ist Entsprechendes für die türkische Gesellschaft nicht mehr möglich. Ein derartiger historischer Bruch mit Tradition und Vergangenheit steht in der Geschichte ohne Beispiel da – so weit sind noch nicht einmal die einstigen Kolonialmächte in arabisch-islamischen Ländern gegangen. Um vollständig mit der Vergangenheit zu brechen und eine neue Art Türken zu schaffen, hat Kemal Atatürk – ähnlich auch Mao Tse-tung mit seiner Kleiderordnung in China – zudem den traditionell-islamischen Kleidungsstil verboten.

Grund für diesen Bruch war, dass die Kemalisten hofften, mit der Abkehr von der Tradition der modernen Türkei einen Weg in die Zukunft ebnen zu können. Doch während die Kemalisten im Land dem Osmanischen Reich und dem Islam insgesamt die Verantwortung für den Rückstand gegenüber dem Westen zuschreiben, sonnen sich konservative Muslime noch heute in der vermeintlichen Erfolgsgeschichte des einstmaligen Imperiums. Für sie bedeutet das Osmanische Reich vor allem Fortschritt in allen Bereichen, nicht nur im religiösen. Es geht ihnen darum, das Prinzip der sozialen Gerechtigkeit aufzugreifen und zeitgemäß umzusetzen. Die (Sozial-)Ethik des Osmanischen Systems war für sie egalitär wie die Lehre des Propheten.

Die traditionell-konservativen Imame lassen sich durchaus mit erzkonservativen katholischen Priestern vergleichen. Ähnlich wie diese sind sie einerseits wertkonservativ eingestellt: Sie versuchen die Wertvorstellungen, wie sie von vielen Millionen Gläubigen in der Türkei gelebt werden, zu konservieren. Für neuere Entwicklungen oder einen Wertewandel sind sie nicht zu begeistern.

Bezeichnend hierfür sind die traditionellen Rollenvorstellungen. Für die Imame gelten beispielsweise die Frauen einerseits als gleichwertig. Die Frauen werden hoch geschätzt, und immer wieder wird in den Interviews auf die gesellschaftliche Aufwertung der Frau im Frühislam verwiesen. Zugleich aber sprechen die Imame dem anderen Geschlecht nur eine eingeschränkte Gleichberechtigung zu. So sollen Frauen zwar am Arbeitsleben teilhaben und Tätigkeiten wie dem Beruf der Ärztin, der Erzieherin usw. nachgehen; typische männliche Berufe jedoch bleiben davon ausgenommen, diese sind allein den Männern vorbehalten.

Insgesamt bleibt die Rolle der Frau in der Familie und in der Gesellschaft umstritten. Die patriarchale Struktur ist in der heutigen Türkei nicht nur in den ländlichen Gebieten, sondern auch in den urbanen Zentren bestimmend. So werden traditionelle Rollenvorstellungen – etwa bezüglich des Hausfrauendaseins und der Mutterschaft als primär zu erfüllende Rolle der Frau bzw. der Führungsrolle des Ehemannes in der Familie und der Prägung des öffentliches Raumes durch den Mann – von einer überwältigenden Mehrheit befürwortet, übrigens auch in den westlichen Städten wie Istanbul oder Izmir:

*„Eine Frau kann natürlich am gesellschaftlichen Leben teilnehmen, aber sie darf ihre Mutterrolle nicht vergessen, und sie soll nicht zu einem Mann werden, um gleichberechtigt zu sein. Vieles war für mich daher neu in Deutschland, z. B. dass Frauen hier Linienbusse fahren. Frauen sollten an-*

*deren Berufen nachgehen, die ihnen angemessen sind, aber*
*keine Männerberufe wie Polizist oder Fahrer ausüben."*
(Imam Cemil T.)

Andererseits treten die Wertkonservativen auch als Struk-
turkonservative auf, die darauf drängen, dass gegenwärtige
politische oder organisatorische Ordnungen beibehalten
werden sollen. Politisch umstürzlerische Gedanken werden
strikt abgelehnt. Die Türken, spätestens seit dem Osmanischen Reich für ihre Autoritätshörigkeit bekannt, waren nie
Revolutionäre. Sozial motivierte Widerstandsbewegungen,
die auch nur den Hauch einer Revolution erkennen lassen
oder gar in umstürzlerische Triebe münden könnten, gelten
als *Fitna* (Zwietracht, Aufruhr), die den nationalen und gesellschaftlichen Zusammenhalt gefährdet.

Was nach den Vorstellungen der traditionell-konservativen Imame am Osmanischen Reich wiederbelebt werden
soll, ist vor allem dessen Ordnungsidee einer sozialen Gerechtigkeit. Zwar kritisieren die Imame gerne den zunehmenden Werteverlust und bejammern die Armut in der heutigen Türkei. Nie aber würden sie so weit gehen, die Ursa-
chen der Armut, die ja in der Wirtschaftspolitik des Staates
liegen, zu kritisieren. Die Aufrechterhaltung der gegenwärtigen (autoritären) staatlichen bzw. religiösen Strukturen hat
auch für sie infolge der besonderen brisanten politischen Situation der Türkei (Kurdenkonflikt usw.) oberste Priorität.

Die *Scharia*, das sogenannte islamische Rechtssystem, spielte
im Osmanischen Reich eine herausragende Rolle. Die heilige Schrift der Muslime, der Koran, gab den Muslimen die
Mission, eine gerechte Gesellschaft zu schaffen. „Die Bil-

dung einer solchen Gesellschaft und das Leben darin sollte ihnen das Empfinden des Göttlichen ermöglichen, weil sie in Übereinstimmung mit Gottes Willen lebten. Der Muslim sollte die Geschichte erlösen, was bedeutete, dass Staatsangelegenheiten nicht vom Geistigen ablenkten, sondern zum Inhalt der Religion wurden." (Karen Armstrong) Die großen Erfolge des Reiches waren ein Beleg dafür, dass die Sultane sich mit ihrer Treue zum „göttlichen Gesetz" auf dem richtigen Weg befanden. Die Treue zum islamischen Gesetz garantierte die Legitimation und Autorität des Sultans. Dafür wurde er von den *Ulama*, die eine Brückenfunktion zwischen dem Sultan und dem Volk ausübten, gestützt und geschützt.

Die traditionell-konservativen Imame interpretieren diese Phase als Einführung des „Sozialstaates". Dabei sind es gerade nicht das Strafsystem mit seinen drakonischen Körperstrafen oder die Einführung des Kalifats, die das Verständnis der *Scharia* prägen. Im Gegenteil: Stolz berichten die Imame davon, dass diese kaum Anwendung fanden. Ein islamischer Staat ist für sie nichts Weiteres als ein sozial gerechter Staat. Zudem zeichne sich dieser Staat dadurch aus, dass in seinen Grenzen keine Armut herrsche. Viele vermeintlich „islamische Länder" der Gegenwart werden daher als geradezu unislamisch erkannt:

*„Das Problem ist, dass man vielen Muslimen in den Institutionen gelehrt hat, die Scharia ist gleich islamischer Staat. Das ist fatal. Alle sogenannten islamischen Länder, die sich auf die Scharia berufen, sind in meinen Augen Despoten-Staaten. Sind die Islamische Republik Iran, Pakistan oder das Islamische Königreich Saudi-Arabien etwa demokratisch bzw. islamisch? Ich erkenne keinen dieser Staaten als*

*islamisch an, denn Scharia bedeutet übersetzt ‚Der Weg‘,*
*und zwar der Weg zu Gott. Das heißt, dass jeder Muslim*
*seinen eigenen spirituellen Weg zu Gott finden muss. Leider*
*hat man, wie viele andere Begriffe im Islam auch, den Be-*
*griff der Scharia manipuliert. Die Religion wird von solchen*
*Staaten missbraucht.“* (Imam Enes P.)

Der Aufenthalt in Deutschland und die hierzulande ge-
lebte Demokratie, die viele Imame vor ihrem Deutschlandaufenthalt nur in der Theorie gekannt haben, scheint die
Identifikation mit dem hiesigen System zu fördern. Deutschland wird als ein islamkonformes Land bewertet, weil hier
die osmanische Tradition der sozialen Gerechtigkeit realisiert werde. Die positive Identifikation geht auch zum Teil
auf die individuellen, negativen Erfahrungen der Imame in
ihrem Herkunftsland zurück, wo die Religionsfreiheit stark
eingeschränkt ist. Mit der rechtsstaatlichen Säkularität in
Deutschland identifiziert man sich stärker als mit dem strengen laizistischen System in der Türkei, die sich während der
Republikgründung Frankreich zum Vorbild genommen
hat:

*„Diejenigen Länder, die sich islamisch nennen, sollen*
*sich mal den sozialen Frieden in Deutschland zum Vorbild*
*nehmen, das Sozialsystem in Deutschland analysieren. Kein*
*Staat kann das Sozialsystem Deutschlands übertreffen. Das*
*muss man sagen. Allah Almanlardan razi olsun (Gott möge*
*es den Deutschen vergelten, R. C.). Sie lassen keinen Men-*
*schen hungern. So viele arme Menschen bekommen Geld,*
*etwas zu essen und ein Dach über ihrem Kopf. Das ist sozi-*
*ale Gerechtigkeit. Das Sozialsystem, was eigentlich die Mus-*
*lime hätten gründen müssen, haben die Deutschen realisiert.*
*Daher ist es ein islamisches System. Also, wirkliche Demo-*

kratie, wirkliche Freiheit habe ich in Deutschland kennengelernt. Der soziale Faktor ist sehr wichtig im Islam. Im Islam
gibt es die Zakat (die obligatorische Armensteuer, R. C.),
eine der wichtigsten Säulen des Islam. Der deutsche Staat
nennt es Sozialhilfe, aber im Prinzip realisieren sie ein islamisches Gebot. Also, wenn ein Land Deutschland angreifen
würde, dann sind die Muslime verpflichtet, Deutschland zu
verteidigen. Das habe ich sogar in der Freitagspredigt gesagt. Denn die Muslime verdienen ihren Unterhalt hierzulande, essen deutsches Brot." (Imam Cafer C.)

# 4. Traditionell-defensive Imame: Von Medizinmännern und Exorzisten

Die Merkmale der traditionell-defensiven Imame – die eine Minderheit bilden deren genaue Zahl im Dunkeln bleibt – lassen sich als ein Konglomerat u. a. aus türkischem Nationalismus, apokalyptischem Weltbild, dem Glauben an eine Geheimlehre, Okkultismus und praktiziertem Exorzismus beschreiben. Defensiv sind sie, weil sie sich gegen die Herausforderungen und Entwicklungen einer modernen Gesellschaft verschließen. Das zeigt sich beispielsweise im Erfahrungsbereich Krankheit. Religion hat für die traditionell-defensiven Imame eine therapeutische Funktion und spielt hier eine gewichtigere Rolle als die moderne Medizin. Denn die Welt der traditionell-defensiven Imame ist durch religiös-magische Formeln beherrschbar. Hinter vielen Krankheiten stecken in ihren Augen lebensbestimmende Mächte und Kräfte, welche die moderne Medizin nicht kontrollieren kann, so etwa die umgebenden Mächte wie die *Dschinnen* (Geister, Dämonen). Sie vertreten einen aggressiven Antiintellektualismus und Irrationalismus. Akademisches Wissen wird abgewertet. Schließlich trugen weder Moses, Jesus noch Muhammad einen akademischen Titel:

*„Man kann noch so lange an einer Universität studieren, wie man möchte, das Wissen, was man uns vermittelt hat, werden die Studenten niemals erreichen. Die wollen die Religion nur mit ihrem Gehirn erfassen, aber das Herz ist viel wichtiger."* (Imam Muzaffer M.)

## Die Türken: Das auserwählte Volk Gottes

„Das Türkentum ist unser Körper, der Islam unsere Seele."
Dieser Slogan von türkischen Nationalisten spiegelt die Tatsache wider, dass für sie Türkentum und Islam eine untrennbare Einheit darstellen. Bei vielen Volksgruppen der Erde sind ähnliche Phänomene feststellbar. In der Türkei versucht der radikale Nationalismus, eine enge Verbindung herzustellen: Die Besonderheit des Türkentums wird in das heilige Buch der Muslime hineininterpretiert. Die Erfolge in der Weltgeschichte scheinen die Auserwähltheit des türkischen Volkes zu bestätigen:

*„Es gibt kein Volk wie das türkische Volk auf dieser Erde, bei dem die Nationalität so stark mit der Religion gepaart ist. Wenn man an Türken denkt, dann denkt man an den Islam. Wenn man an den Islam denkt, dann automatisch an Türken. Es gibt keine zweite Nation auf diesem Planeten, bei der das genauso wäre. Im Koran gibt es einen Vers, der besagt: ‚Gott wird auf der Erde ein Volk erschaffen. Gott liebt sie, und sie lieben Gott.' Wenn man sich nun die Menschheitsgeschichte betrachtet, dann ist dieses Volk eindeutig das türkische, das seit den Seldschuken (türkische Fürstendynastie ab dem 11. Jh., R. C.) dem Islam am meisten gedient und Gott am meisten gefürchtet hat. Das ist doch offensichtlich, das kann jeder nachvollziehen."* (Imam Ünal B.)

Immer wieder in der Geschichte des Islam standen Türken und Perser mit den Arabern wegen der Führungsrolle in der islamischen Welt in Konkurrenz. Während die Araber nach dem Fall des Abbasidischen Reiches noch bis in das 15. Jahrhundert in Spanien auf ein Reich zurückblicken konnten, wurde ihnen in den islamischen Stammländern das Zepter von den Türken abgenommen. Das Osmanische Reich hatte seinem Imperium viele arabische Länder einverleibt, inklusive der heiligen Stätten Jerusalem und Mekka. Die Araber lebten jahrhundertelang unter türkischer Herrschaft. Von nationalistischen Türken wird der Machtwechsel als ein gottgewolltes Schicksal, als eine Bevorzugung und als nachträgliche Auserwähltheit des türkischen Volkes interpretiert. Sicher, die Araber seien es gewesen, denen die Offenbarung zuteil wurde, aber aus gutem Grund. Denn da die Arabische Halbinsel moralisch derart verfallen gewesen sei, habe man dort die Offenbarung am nötigsten gehabt. Die Türken hätten der Religion dagegen verdienstvoll zum Ruhm verholfen, und das ganz zum Unmut der Araber:

*„Die Feindschaft der Araber gegenüber den Osmanen hat einen tieferen Hintergrund. In der 5. Sure im Koran steht geschrieben, dass Gott seine Religion von einem Volk wegnimmt, wenn sich dieses von ihm abkehrt. Gott sagt weiter, dass er ein anderes Volk erschafft, das ihm wirklich dient. Im 11. Jahrhundert, in einer ganz großen Schlacht, hat Gott die Führungsrolle im Islam den Arabern entrissen und sie den Türken gegeben: ‚O türkische Nation, eine Nation von edler Abstammung, du hast den Gebetsruf in Istanbul erschallen lassen, den Gebetsruf bis nach Afrika geführt und wirst vor den Toren Wiens stehen. Ihr werdet nun die Führung haben, der Religion dienen.‘ Fatih Sultan Mehmet (Osmanischer Sultan: 1432–1481, R.C.) hat Istanbul erobert, und Süleyman, der Prächtige (Osmanischer Sultan: 1494– 1566), ist bis in den Sinai vorgedrungen und hat auch Mekka und Medina sowie Bagdad eingenommen. Sie haben Unmögliches vollbracht. Als Süleyman, der Prächtige, Bagdad*

*erobern wollte, sandte er zunächst Wesire aus, die das Land auskundschaften sollten. Als sie dann ihrem Sultan Bericht erstatten sollten, sprachen sie von der Unmöglichkeit des Unternehmens, da sie einem starken, feindlichen Heer gegenüberstünden. Doch Süleyman ließ sich nicht davon beeindrucken und führte sein Heer in den Krieg. Als sein Berater sah, dass er nicht wie seine Soldaten auf seinem Ross ritt, sondern zu Fuß ging, flehte er seinen Herrscher an: ‚Bitte, mein Gebieter, Ihr habt noch einen langen Weg vor Euch. Setzt Euch doch auf Euer Pferd.‘ Doch Yavuz erwiderte: ‚Wie kann ich reiten, wenn doch der Prophet vor mir geht?‘ Der Prophet persönlich hatte Yavuz geführt, und nur er konnte ihn sehen. Als sie dann die Wüste von Sinai erreichten, hob der Prophet seine Hände und betete zu Gott, damit er Regen sendete. In dem Moment regnete es in Strömen, und die Wüste verwandelte sich in Asphalt. Den überquerten sie und eroberten Mekka und Medina.“* (Imam Muzaffer M.)

Diese vom Imam wiedergegebene sagenhafte Überlieferung soll die besondere Rolle des türkisches Führers untermauern: Der Prophet selbst war ihm erschienen und leitete ihn und mit ihm auch das gesamte türkische Heer. Diese und ähnliche Legenden über die osmanischen Sultane sind in der türkischen Gesellschaft weit verbreitet. Sie sollen die Frömmigkeit und somit die Legitimation der damaligen Herrscher untermauern.

Ähnliche Geschichten lassen sich übrigens auch in anderen Religionen immer wieder finden. So sind in den serbischen Nationalmythologien, die von Nationalisten gerne zwecks einer Identitätsbildung aufgegriffen werden, zahlreiche Überlieferungen vorhanden wie etwa die über den berühmten Heeresführer Lazar. Ihm soll vor der Schlacht auf dem Amselfeld der Prophet Elias in Gestalt eines Falken erschienen sein und ihn vor die Wahl gestellt haben: Himmelreich oder Erdenreich? Er entschied sich für das Reich im Himmel und gegen einen irdischen Sieg. Womit Lazar stellvertretend für das auserwählte serbische Volk die Entscheidung traf und es zu einem himmlischen Volk erhob.

Mit Mythenbildungen kann man also nicht nur Siege erklären, sondern auch Niederlagen auf dem Schlachtfeld, wie eben die der Serben auf dem Amselfeld, die nun eine andere, quasi göttliche Bedeutung erhalten. In der Türkei sind ähnliche Mythen über die osmanischen Herrscher anzutreffen. Meist existieren verschiedene Versionen vom selben Ereignis, die neu ausgeschmückt und kontextuell anders interpretiert werden. Diese Mythen als politisch-religiöser Kult werden vor allem von nationalistischen Bewegungen instrumentalisiert, um die Überlegenheit des eigenen Volkes zu untermauern.

Dass das türkische Volk seine Blütezeit hinter sich hat, wird von den traditionell-defensiven Imamen primär mit den finsteren Plänen ausländischer Kräfte (dem Bösen) – hinter denen sich übrigens in erster Linie die Engländer verbergen – begründet, die das Osmanische Reich (das Gute) mit der Zeit geschwächt hätten. Das gutwillige „auserwählte Volk" wurde zum Opfer von Intrigen. Und nicht nur das: Während die Türken ihre eigenen Werte vergessen hätten, habe dagegen der Westen ihre Standhaftigkeit, Ehrlichkeit und ihren Fleiß übernommen und importiert. Die Großreichfantasien der traditionell-defensiven Imame, die in sich ein Sendungsbewusstsein für Europa verspüren, sind immer noch nicht begraben. Und die Lösung aller Probleme sehen sie vor allem in der Jugend, die man im Sinne der *Milli Kültür*, der nationalen Kultur, erziehen müsse: hin zu einem engen Zusammenhalt mit dem türkischen Volk. Ganz im Zungenschlag der antisemitischen Tradition wird verkündet, dass man sich an der Solidarität der Juden ein Beispiel nehmen könne:

*„Die Juden sind da ganz anders. Sie sind das erfolgreichste und reichste Volk auf dieser Erde, weil sie zusammenhalten. Egal was man kauft – davon profitieren immer die Juden. Wenn du ein Blatt Papier kaufst, verdient ein Jude immer mit. Wenn du einen Teppich kaufst, verdient ein Jude mit. Mindestens einen Kurus (Cent, R. C.) verdient der Jude."* (Imam Cengiz H.)

Das Sendungsbewusstsein der traditionell-defensiven Imame ist stark ausgeprägt. Als selbsternannte „Bannerträger" des türkischen Volkes verstehen sie ihren Dienst im Ausland als Mission. Wobei anzumerken ist, dass die türkische Fahne in der Türkei ein enormes Ansehen genießt, in nationalistischen Kreisen wird ihr sogar ein gewisser Heiligenstatus zugesprochen. So heißt es im Gedicht *Bayrak* des Poeten Arif Nihat Asya über die türkische Fahne: „Wer dich nicht so betrachtet wie ich, den werde ich begraben; dem Vogel, der vorbeifliegt, ohne meine Fahne zu grüßen, werde ich das Nest zerstören."

Der besondere Status der türkischen Fahne ist in der Türkei sogar mittels des *Türk Bayraşı Kanunu* (Gesetz zur türkischen Fahne) rechtlich geschützt. So heißt es etwa in Paragraf 7 dieses Gesetzes, dass es u. a. verboten ist, eine zerrissene, gestopfte, durchlöcherte, gebleichte und nicht gebügelte Fahnen öffentlich zu gebrauchen, die Fahne zu zerreißen, zu verbrennen oder öffentlich zu erniedrigen und intakte Fahnen an verfallenen Gebäuden, in Küchen und Ställen aufzuziehen.

Wer sich nicht an die Gesetze zum „Schutze" des türkischen Nationalsymbols hält, muss sogar mit einer Freiheitsstrafe rechnen. So kam eine bekannte türkische Sängerin vor Gericht, weil sie auf der Bühne einen Fahnen-Luftballon getreten hatte. Es kann übrigens auch zu diplomatischen Unstimmigkeiten führen, wenn eine Torte mit der türkischen Fahne als Zuckergussverzierung aufgeschnitten werden soll. Diese Erfahrung musste der deutsche Botschafter Wolf-Ruthart Born machen, als er bei einer deutsch-türkischen Feierstunde eine Torte aufschneiden wollte. Gerade noch rechtzeitig fiel ihm ein türkischer Staatsanwalt in den Arm und machte ihn darauf aufmerksam, dass das Zerschneiden des nationalen Symbols zu einer Strafanzeige führen könne. Die Torte wurde dann chirurgisch exakt so aufgeschnitten, dass der Guss mit der türkischen Fahne nicht beschädigt wurde. Der Diplomat konnte sein Gesicht wahren, und die türkische Volksehre war gerettet. Diesen quasi sakralen Status der Fahne haben die traditionell-defensiven Imame internalisiert, und sie fühlen sich als Bannerträger in Deutschland:

*„Unsere Fahne trägt den Halbmond und den Stern. Das bedeutet, solange der Himmel über der Erde bestehen bleibt, wird auch das türkische Volk bis zum jüngsten Tag bestehen. Jeder Türke ist verpflichtet, in seinem Haus eine türkische Fahne zu haben. Der Türke muss überall, wo er hingeht, stolz auf seine Fahne sein. In den meisten türkischen Moscheen hängt eine Fahne. Als ich damals, in den 1980er Jahren, zum ersten Mal als Imam in das Ausland ging, sagte uns der damalige Beamte aus dem türkischen Religionsmi-*

*nisterium: ‚Jeder von euch wird eine türkische Fahne mit-*
*nehmen und in seiner Wohnung im Ausland aufhängen, und*
*zwar so aufhängen, dass jeder Besucher, der eure Wohnung*
*betritt, als Erstes die türkische Fahne sehen muss.‘ Ich war*
*auch mal in Ägypten im Dienst. Zu mir kamen viele hohe*
*ägyptische Beamte. Jedes Mal, wenn sie die türkische Fahne*
*sahen, zeigten sie Ehrfurcht.“* (Imam Sabri T.)

## Apocalypse now: Moralischer Verfall und Unglaube in Deutschland

Die traditionell-defensiven Imame vertreten ein apokalypti-
sches Weltbild, sie befinden sich in permanenter Endzeit-
stimmung. Was auch immer in der Welt vorfällt, es wird in
apokalyptischen Kategorien gedeutet. Das gilt vor allem in
puncto Moral. Es sei nun einmal der Lauf der Welt, dass
sich durch Sittenverderbnis und Sündhaftigkeit der Weg zur
Katastrophe ebne; gleichzeitig aber werde so der Weg für
den Mahdi, den Messias, frei. Kein Wunder also, dass die
traditionell-defensiven Imame politische Interventionen im
Grunde für nicht möglich halten, da sich die Welt ja eigentlich – nach Durchlaufen mehrerer Phasen – in der Endzeit-
phase befinde. Als Fatalisten ist ihnen politischer Aktivismus
verfemt. Denn nur der Mahdi bzw. der Messias werde die
Erde erretten und den wahren Frieden bringen können. Daher erscheint ihnen – ganz unabhängig vom politischen System – auch jegliche politische Partizipation als sinnlos.

Das Kommen des messianischen Zeitalters werde übrigens von sogenannten kleinen und großen Zeichen auf der
Welt angekündigt:

*„Die großen und kleinen Zeichen für das Kommen des jüngsten Tages sind längst fast eingetroffen. Die kleinen Zeichen können bereits überall auf der Welt beobachtet werden. Ein großes Zeichen, was noch kommen wird, ist, dass die Sonne nicht im Osten, sondern im Westen aufgehen wird. Damit wird auch die Ordnung im Weltall durcheinandergebracht. Wenn zwei Planeten zusammenstoßen, dann kommt auch das ganze Gleichgewicht im Planetensystem durcheinander, und alles wird zerstört."* (Imam Muammer H.)

Darüber, welche kleinen und großen Zeichen denn nun auftreten werden, finden sich in den außerkoranischen Quellen eine Fülle von Hinweisen: Verbreitung von Unzucht oder die wachsende Respektlosigkeit der Kinder gegenüber ihren Eltern. Barfüßige Beduinen werden auf der Arabischen Halbinsel miteinander im Wettstreit beim Errichten von Wolkenkratzern sein – was als Anspielung auf Dubai verstanden wird –, der Glaube an Gott wird nachlassen. Oder die Frauen, denen eine sehr wichtige Rolle in der religiösen Erziehung beigemessen wird, werden über die Männer herrschen:

*„Die Frau ist, was ihre Schöpfung und biologische Veranlagung betrifft, schwächer als der Mann. Eva wurde aus der linken Rippe von Adam erschaffen. Sie sind, sowohl was die Religion als auch ihren Verstand angeht, unvollkommen. In der Ahir-Zaman (Endzeit, R.C.) wird die Frau arbeiten gehen und Geld verdienen, deshalb wird der Mann seine Führungsrolle in der Familie verlieren. Das ist sehr gefährlich, ein Mann darf nicht auf seine Frau hören, sonst geht das System zu Bruch. Das hat auch einen schlechten Einfluss auf die Kinder, weil die Frauen ja die Kinder erziehen und ihnen körperlich näher sind. Ich kenne z.B. eine Dame aus unserer*

*Gemeinde, die während ihrer Schwangerschaft viel Fernse-*
*hen gesehen hat. Jetzt hat sie ein dreijähriges Kind, das auch*
*sehr viel Zeit vor dem Fernseher verbringt. Das hat das Kind*
*im Bauch der Mutter gelernt.*" (Imam Sabri T.)

Dieser Verfallsprozess werde in allen Ländern gleichermaßen stattfinden, allerdings, glaubt man den Imamen dieser Kategorie, in islamischen Ländern langsamer als im
Westen, da die Gräber vieler Heiligen Schutz böten. Dennoch scheint die Menschheit kurz vor der großen Apokalypse zu stehen, wie es auch Stimmen aus dem Jenseits be-
stätigten:

*„Die Menschheit befindet sich heute in einem Verfallszu-*
*stand. Die Sendung des Propheten liegt nun 1400 Jahre zu-*
*rück, das Weltgericht ist deshalb sehr nahe. In zwei, drei*
*oder fünf Jahren könnte schon das Jüngste Gericht eintre-*
*ten. Die Zeichen dafür kann man schon überall auf der Welt*
*beobachten. Ich habe letztens eine Predigt eines Gelehrten*
*gehört, der davon sprach, dass er eine Stimme wahrnahm,*
*eine Stimme aus der Hölle. Es waren die Stimmen seiner*
*Eltern. Ein weiteres Zeichen dafür ist es, dass die Kinder*
*sich gegen ihre Eltern auflehnen und sie nicht mehr ehren.*
*Das kann man auch überall auf der Welt wahrnehmen.*"
(Imam Nuri Y.)

Der Aufenthalt der traditionell-defensiven Imame in
Deutschland scheint ihre Endzeit-Thesen nur zu bestärken,
denn hierzulande seien ja bereits alle Zeichen des Endstadi-
ums sichtbar. Sind allein schon sexuelle Freizügigkeit, hohe
Scheidungsraten und eine zunehmende Areligiosität deutliche Zeichen, wird der Verfall vor allem an der schwinden-
den Moral der Jugend festgemacht. Über Letztere soll sich

allerdings bereits der griechische Philosoph Sokrates (469–399 v.Chr.) vor über 2000 Jahren beklagt haben: „Die Jugend liebt heutzutage den Luxus. Sie hat schlechte Manieren, verachtet die Autorität, hat keinen Respekt vor den älteren Leuten und schwatzt, wo sie arbeiten sollte. Die jungen Leute stehen nicht mehr auf, wenn Ältere das Zimmer betreten. Sie widersprechen ihren Eltern, schwadronieren in der Gesellschaft, verschlingen bei Tisch die Süßspeisen, legen die Beine übereinander und tyrannisieren ihre Lehrer." Und ein Keilschrifttext aus Ur um 2000 v.Chr. steckt in diesem Zusammenhang bereits die wesentlichen Eckpunkte ab: „Unsere Jugend ist heruntergekommen und zuchtlos. Die jungen Leute hören nicht mehr auf ihre Eltern. Das Ende der Welt ist nahe."

Vom Wortlaut her könnten diese Zitate auch aus dem Mund der interviewten Imame stammen. Denn für sie genießt die Jugend eine viel zu große Freiheit in Deutschland, ihnen fehle schlicht der Respekt gegenüber den Imamen – den es in der Türkei noch gebe. Es ist anscheinend ein universelles Phänomen, den Werte- und Normenverfall zunächst bei den jungen Menschen abzulesen. – Und die beste Antwort dazu formuliert Kurt Tucholsky: „Die verschiedenen Altersstufen des Menschen halten einander für verschiedene Rassen: Alte haben gewöhnlich vergessen, daß sie jung gewesen sind, oder sie vergessen, daß sie alt sind, und Junge begreifen nie, daß sie alt werden können." (Der Mensch)

Dass die traditionell-defensiven Imame aus einer anderen „geistigen Welt" stammen, bekommen sie vor allem im Unterricht mit den Jugendlichen zu spüren. Vergeblich versuchen sie die Stunden mit ihrem autoritären Erziehungsstil zu gestalten, und auch die bewährten Sanktionen aus dem

Herkunftskontext scheinen nicht zu fruchten. Zurückgeführt werden derlei Misserfolge auf zwei Faktoren: Zum einen spiele die Erbsünde der ersten Generation eine Rolle, die in den 1960er bis 1970er Jahren kein religiöses Leben geführt habe. Dies räche sich nun, indem sich diese Sünden der Vergangenheit auf den Charakter und die Moral der nachfolgenden Generationen abfärbe. Zum anderen werden die antiautoritären Erziehungsmethoden in den deutschen Schulen verantwortlich gemacht. Von in ihren langjährigen „pädagogischen" Erfahrungen in der Türkei scheinen die traditionell-defensiven Imame nicht profitieren zu können:

„*Die Freiheit und die Liberalität gegenüber den Jugendlichen führen dazu, dass ich z. B. im Koran-Unterricht keine Kinder oder Jugendliche schlagen kann, weil die sonst sofort mit der Polizei ankommen. In der Türkei geht das zwar auch nicht so einfach, aber wenn man mal einen Jugendlichen schlägt und er zur Polizei geht, dann würden die Beamten sagen: ‚Das haben Sie gut gemacht, mein Hodscha. Hätten Sie doch bloß etwas mehr zugelangt.' Hier drohen mir die Kinder und Jugendlichen mit der Polizei: ‚Ich mach eine Anzeige, wenn du mich anfasst.' Ich habe noch eine andere Entdeckung gemacht, Sie können es gerne veröffentlichen – oder auch nicht, wie Sie wollen, aber: Die Abstammung spielt eine wesentliche Rolle, ob jemand eine edle Herkunft hat oder nicht. In dieser Hinsicht sehe ich schwarz. Die erste Generation, die 1961 gekommen ist, hat kein religiöses Leben geführt. Ihre Kinder wiederum, die ab 1970 gekommen sind und die heute über vierzig Jahre alt sind, die haben dann das Verhalten ihrer Eltern geerbt und es an ihre Kinder weitergegeben.*" (Imam Muzaffer M.)

## „Almanlaşmak":
## Die Türken dürfen sich nicht verdeutschen

Die nationale Mission der traditionell-defensiven Imame scheint in Deutschland eine schwere Aufgabe darzustellen. Nach den Aussagen der Imame sind die Türken auf dem besten Weg zu „verdeutschen". Dass sich die Türken in Deutschland auch mit dem Virus des ethischen Verfalls angesteckt hätten, rühre daher, dass infolge ihrer Germanisierung das „türkisch-islamische Immunsystem" in ihnen geschwächt sei. Vor diesem Hintergrund machen sich vor allem diejenigen traditionell-defensiven Imame große Sorgen, die mit ihren eigenen Kindern nach Deutschland eingereist sind.

*„Ich denke oft daran, ob das nicht ein Fehler war, meine Kinder nach Deutschland zu holen. Ich habe große Angst davor, dass meine Kinder wie die türkischen Kinder hier – Allah korusun (Gott bewahre, R.C.) – ihre Religion und Kultur vergessen werden. Ich wäre dafür verantwortlich. Daran muss ich oft denken. Das ist hier vielen Muslimen nicht bewusst. Sie leben unter dem Einfluss der deutschen Mehrheitskultur und übernehmen unbewusst deren Kultur. Das ist eine sehr schleichende Entwicklung. Die erste Generation konnte sich davor schützen, aber die nachfolgenden Generationen nicht mehr. Ich kann das schon an den Kindern in der Moschee beobachten. In der Türkei sind die Muslime geschützt, auch wenn sie den Islam nicht praktizieren. In Deutschland wachsen die Kinder in einem nichtmuslimischen Umfeld auf, und das zeigt sich in ihrem Verhalten."* (Imam Ünal B.)

In der deutschen Integrationspolitik ist man einstmals davon ausgegangen, die erste Generation der türkischen

Migranten werde ihre Kultur beibehalten, während sich die zweite Generation zwischen den Kulturen bewegen, die dritte Generation aber sich vollständig in die deutsche Gesellschaft assimilieren werde. Werner Schiffauer vertritt hingegen die These, dieser Prozess verlaufe keineswegs geradlinig. Er kritisiert Ansichten, die davon ausgehen, die Migranten würden sich allmählich von ihrer Herkunftskultur lösen und nach drei oder vier Generationen endgültig die Kultur des Aufnahmelandes annehmen. Vielmehr geht er davon aus, „dass sich die Geschichte der Migration weit komplexer darstellt, nämlich als innerlich widersprüchlicher Prozess von Identifikation und Widerspruch, von Annehmen und Teilen der Kultur des Einwanderungslandes und einer bewussten Opposition dagegen".

Diese beiden Komponenten, Identifikation und Opposition, resultieren aus den positiven wie negativen Erfahrungen, die die Migranten in ihrem Aufnahmeland machen. Einerseits wächst mit der zunehmenden Integration die Identifikation mit der Einwanderungsgesellschaft, andererseits entsteht mit der Distanzierung und Abwehr seitens der Aufnahmegesellschaft eine Opposition. Eine solche Oppositionshaltung ist nicht unbedingt mit der Ablehnung der Zivilgesellschaft gleichzusetzen, sie trägt vielmehr zu einer selbstbewussten Identität bei.

Dieser Überlegung würden die traditionell-defensiven Imame nicht zustimmen, vertreten sie doch die These eines geradlinigen Integrationsprozesses mit der Assimilation der türkisch-muslimischen Community in Deutschland als Endstadium: Die Türken, das steht für die Imame außer Frage, werden zu Deutschen. Dass der Integrationsprozess jedoch zum einen sehr komplex ist und zum anderen langfristig die türkische Community von der Türkei endgültig abkoppeln wird – was ebenfalls normal ist –, können sie nicht begreifen:

*„Die Kinder kennen kaum die türkische Kultur, können nicht die türkische Nationalhymne. Wenn wir jetzt keine Maßnahmen treffen, werden sich die nächsten Generationen assimilieren. Ich wiederhole fast in jeder Unterrichtsstunde den Satz ‚Ihr müsst eure Kultur und Sprache lernen, sonst werdet ihr nicht mehr Hasan, sondern Hans heißen‘. In der dritten Generation sind es bereits 45 Prozent, und in der vierten Generation werden es 60 Prozent sein, die zu Deutschen geworden sind und ihre Kultur vergessen werden. Das sehe ich ja bereits bei meinen Schülern. Wenn ich sie z.B. auffordere, den Müll unter ihrem Tisch aufzuräumen, dann hören sie nicht auf mich. In der Türkei würde dieses unverschämte Verhalten der Kinder ein Disziplinarverfahren mit sich bringen. Dort hat der Imam Autorität und wird von den Kindern respektiert.“* (Imam Nuri Y.)

Dem deutschen Staat gegenüber wird ein tiefes Misstrauen gehegt, es wird sogar eine systematische Germanisierungspolitik insbesondere gegen die Türken vermutet. Gerade die Türken seien erstes Ziel der Assimilationsmaßnahmen, weil sie den Islam in Deutschland repräsentierten. Gelänge es, die Türken zu assimilieren, dann wären auch die anderen Muslime und der Islam überhaupt eine leichte Beute. Entsprechend bewerten die traditionell-defensiven Imame die Absichten der Bundesländer, einen deutschsprachigen Islamunterricht an öffentlichen Schulen einzuführen, als eine Strategie, den Islam zu manipulieren und „einzudeutschen“. Die Lehrer für den Unterricht würden an deutschen Universitäten ausgebildet, sie würden dort allerdings nur ein äußerliches (*zahiri*), also weltliches Wissen vermittelt bekommen. Das tiefgründige Wissen (*batini*), das durch Spiritualität und Mystik vermittelt werde, könnten die deutschen Hochschulen gar nicht bieten. Rationales Wissen würde also die islamische Spiritualität manipulieren.

Und so verwundert es kaum, dass auch die Debatte um eine Imam-Ausbildung in Deutschland als eine Strategie im Gesamtplan des Staates bewertet wird:

*„Dahinter steckt eine schlechte Absicht. Man will mit der Imam-Ausbildung die Bindung zur Herkunftsgesellschaft abschneiden. Die türkischen Muslime sollen ihre Heimatländer vergessen und zu Deutschen werden. Denn eine Aufgabe der Imame ist es, dass sie den Dialog der Gemeinde zur Türkei aufrechterhalten. Das ist meine Aufgabe. Die Heimatbindung eines in der Türkei aufgewachsenen Menschen ist viel stärker als eines in Deutschland aufgewachsenen und lebenden Jugendlichen. Deshalb muss ich bei diesen Jugendlichen die Bindung zur Türkei stärken. Sie kennen weder den Namen des türkischen Ministerpräsidenten noch des Staatspräsidenten. Denn das ist eine weitere Strategie in der Assimilationspolitik der Deutschen, nämlich die Bindung in die Türkei abzuschneiden. Auch mit dem islamischen Religionsunterricht verfolgen sie dasselbe Ziel. Die türkischen Kinder und Jugendlichen sollen ihre Kultur und ihre Sprache vergessen. Außerdem bezweifele ich die Qualität der Imam-Ausbildung in Deutschland. Sie wird nicht dieselbe Qualität wie in der Türkei haben. In der Türkei beginnt die religiöse Erziehung mit fünf Jahren und nicht, wie es hier beabsichtigt ist, nach dem Abitur. Hier gibt es weder Korankurse noch Imam-Hatip-Schulen."* (Imam Abdurrahman H.)

## Zahlenmystik, Okkultismus und Heiligenkult oder: Der Koran als Orakelbuch

In der muslimischen Bevölkerung haben sich im Laufe der Zeit verschiedene abergläubische Glaubensformen entwickelt. Aufgrund seiner explosiven Expansion hat der Islam Eingang in die verschiedensten Länder und Kulturen dieser Welt erlangt, die vom Maghreb bis nach Indonesien reichen. In vielen dieser Länder wurden traditionelle lokale Praktiken nicht etwa aufgegeben, sie gingen vielmehr eine Symbiose mit der neuen Religion ein. Das kann man beispielsweise in etlichen afrikanischen Ländern beobachten, wo der Islam zwar vorherrschender Glaube ist, vorislamische Glaubenselemente aber „islamisiert" worden sind. In diesem Zusammenhang hat sich auch ein Heiligenkult entwickelt. Entweder handelt es sich um *Evliyullah* (Gottesfreunde), die vor der Islamisierung dieser Regionen bereits als Heilige verehrt worden waren und später „muslimisiert" worden sind; die Rituale um die Heiligenverehrungen wurden einfach beibehalten und entsprechend islamisiert. Oder es sind Subjekte der Verehrung, die als Muslime lebten und wirkten und posthum zu Heiligen erklärt worden sind.

Es gibt im Volksislam eine ganze Liga solch besonderer Menschen, denen die Bevölkerung eine übernatürliche Macht zuspricht und von denen man glaubt, dass sie bei Gott Fürbitten einreichen können. Es handelt sich bei ihnen sozusagen um Auserwählte, ausgestattet mit besonderen Fähigkeiten, die mitunter Harry Potter & Co. in den Schatten stellen können. So ist es ihnen etwa möglich, den Charakter eines Menschen allein aufgrund seines Aussehens festzustellen oder seine Gedanken zu lesen. Die Heiligen stehen übrigens nicht in Konkurrenz zueinander, und es gibt unter ihnen auch keine Top Ten, sondern jeder Heilige wird gleichermaßen verehrt und die Verehrung mancher der Heiligen ist allein auf eine bestimmte Region beschränkt. Zudem existieren auch Sufi-Bruderschaften, wo man den noch lebenden Ordensführern besondere Kräfte zuspricht. Sie zeichnen sich durch ihre tiefe Frömmigkeit, Weisheit und durch ihre wundersamen Kräfte aus. Deshalb versuchen viele Gläubige, diesen Heiligen zu begegnen. Die Gräber der Heiligen genießen Kultstatus und sind zu Pilgerorten geworden, viele Gläubige versprechen sich durch deren Besuch die Erfüllung ihrer Wünsche.

Ein Großteil der islamischen Gelehrten hat versucht, gegen diesen Volksglauben anzugehen, allerdings ohne Erfolg. Sie haben darauf hingewiesen, dass dieser Aberglaube dem strengen Monotheismus im Koran widerspricht und überdies die Gläubigen entmündigt. Jedoch ist der Heiligenkult in der Bevölkerung derart tief verwurzelt, dass sein Praktizieren vielen Muslimen als islamisch gilt – auch den traditionell-defensiven Imamen.

Im Weltbild der traditionell-defensiven Imame spielen Heilige eine herausragende Rolle. Nur diese „Spezialisten" seien imstande, in bestimmte spirituelle Gedanken- und Erfahrungsregionen vorzudringen. Als Spezialisten verfügten sie selbstverständlich über übernatürliche Kräfte – auch nach ihrem Tod. Mit vielen Legendenbildungen werden daher die Heiligkeit und Superkräfte sowohl der toten als auch der noch unter uns weilenden muslimischen Persönlichkeiten unterfüttert. Immer wieder werden ihre Lebensgeschichten durch Wundertaten aufgewertet:

*„Ein christlicher Gelehrter kam zu Abdulkadir Geylani (islamischer Sufimeister, 1078–1166) und führte mit ihm*

einen Streit darüber, ob Jesus oder Muhammad der Größere war. Der Christ sagte: ‚Jesus war größer, weil er Tote zum Leben erweckte.' Abdulkadir Geylani antwortete ihm: ‚Wenn ich selbst Tote zum Leben erwecken würde, würdest du dann glauben, dass Muhammad größer als Jesus war?' Darauf hat sich der Christ eingelassen. Abdulkadir Geylani ist mit dem Christen zu einem Friedhof gegangen und hat ihn aufgefordert: ‚Such dir ein Grab aus.' Der Christ zeigte mit seinem Finger auf ein Grab, und Abdulkadir Geylani befahl dem Toten: ‚Steh auf, im Namen Gottes!', und der Tote stand dann wirklich auf. Daraufhin musste der Christ die Größe Muhammads anerkennen." (Imam Cengiz H.)

Im Zentrum der religiösen Orientierung steht vor allem Abu Hanifa (auch Imam Azam, der große Imam, der von 699 bis 767 n. Chr. lebte), der Gründer der hanafitischen Rechtsschule. Die vier verschiedenen Rechtsschulen im Islam, die jeweils nach ihrem Begründer benannt worden sind, versuchten, auf Grundlage der Auswertung islamischer Quellen Rechtsnormen für aktuelle Fragen zu formulieren. Denn im Zuge einer immer komplexer werdenden muslimischen Gesellschaft und der wachsenden politischen, wirtschaftlichen und kulturellen Herausforderungen boten die ursprünglichen islamischen Quellen keine klaren Antworten auf die Anforderungen des Tages mehr. Es entwickelte sich eine islamische Jurisprudenz mit einer ihr eigenen Methodik, die zur Systematisierung folgender Bereiche beitrug: der religiösen Pflichten, des Familienrechts, des Erb-, Eigentums- und Vertragsrechts, des Straf- und Prozessrechts und des Verwaltungsrechts. Insgesamt haben die Rechtsschulen im Islam einen außerordentlichen Einfluss auf die Volksfrömmigkeit genommen und wurden zur wichtigsten Disziplin der höheren Bildung.

Abu Hanifas Leistung war es, bei der Rechtsfindung solchen Elementen eine wichtige Rolle zuzuschreiben, die ihre Verankerung im Einzelnen, im Individuum haben; so maß er etwa dem individuellen Urteil (*ray*) oder dem Analogieschluss (*qiyas*) einen hohen Stellenwert bei. Die Ratio besitzt in seinem Rechtssystem eine besondere Bedeutung. Doch nachdem das Tor des *Idschtihad* (ein Verfahren zur selbständigen Rechtsfindung durch eigenständige Interpretation der islamischen Quellen) für geschlossen erklärt worden war, war sein Beispiel für die Muslime nicht mehr relevant.

Obwohl Abu Hanifa eigentlich Perser war, wird er von den Türken gerne als Türke wahrgenommen. Seine Rechtsschule ist es, der die türkischen Muslime überwiegend folgen, die logische Schlussfolgerung in der Rechtsfindung gilt dem auserwählten Volk als auserwählte Methode, und man wird nicht müde, die hervorragende Stellung Abu Hanifas innerhalb der Rechtsschulen hervorzuheben. An ihm und seinen – für den Normalsterblichen selbstverständlich unerreichbaren – Fähigkeiten müssen sich die anderen Gelehrten messen lassen. Daher haben sich um seine Person viele Legenden gebildet, die von den traditionell-defensiven Imamen gerne aufgegriffen werden. Nicht allein habe er mit Gott mehr als „tausendmal im Traum kommuniziert", nein, Gott habe ihn gar persönlich auf dem Wege der Inspiration versichert, die Anhänger seiner Rechtsschule würden am Tage des Jüngsten Gerichts zu den Gewinnern zählen. Da Abu Hanifa, der Anwalt der Türken, mit übernatürlichen Fähigkeiten und mit übernatürlichem Wissen ausgestattet und sogar noch aus seinem Grab heraus (!) dazu befähigt gewesen sei, besonders heilige Personen zu inspirieren bzw. zu unterweisen, seien nach seinem Ableben alle Bestrebungen, den *Idschtihad* erneut zu etablieren, zum Scheitern verurteilt.

Dass Abu Hanifas übermenschliche Leistungen als Maßstab für einen wahren *Idschtihad* gilt, erschwert eine Neuinterpretation der islamischen Quellen. Darüber hinaus wird eine Rationalität, wie sie an den Universitäten gepflegt wird, als eine lediglich oberflächlich wirkende Wissenschaft abgewertet. Das Tiefgründige und Geheimnisvolle an der islamischen Lehre könne die rationale Wissenschaft nicht lehren. Die Scharia als Rechtssystem wird dementsprechend sehr statisch interpretiert. Denn:

*„Es wird nie wieder einen Imam wie Abu Hanifa geben. Ich habe Folgendes von meinen Hodschas gelernt, und zwar, dass sogar der heilige Hizir (heilige und überzeitliche Person in der islamischen Legendenbildung) Gott um Erlaubnis gebeten hat, zum Grab des Abu Hanifa zu gehen und von ihm die islamische Rechtswissenschaft zu lernen. Es gibt auch Meinungen, die sagen, dass sogar der Messias, wenn er erscheint, der Rechtsschule von Abu Hanifa folgen wird. Ein wirklicher Mudschtahid (Islamischer Gelehrter, der zur selbständigen Rechtsfindung befähigt ist, R. C.) wird nicht mehr kommen, um Idschtihad zu machen. Sehen Sie, um ein Mudschtahid zu sein, muss man mindestens wie Abu Hanifa alle Hadithe in- und auswendig können, alle arabischen Terminologien kennen, alle Koranwissenschaften, die sieben äußeren und die sieben verborgenen Bedeutungen der Koranverse kennen, um Idschtihad machen zu können. Ansonsten, wenn Möchtegern-Mudschtahids das machen wollen, dann ist es nur Verrat am Glauben."* (Imam Muzaffer M.)

Die Batini-Lehre nimmt eine zentrale Stellung im Religionsverständnis der traditionell-defensiven Imame ein. Dabei handelt es sich um eine Interpretationsmethode mit stark allegorischem Charakter; so allegorisch, dass der wörtlichen Bedeutung oft überhaupt kein Wert mehr beigemessen wird. Der Koran hat für die traditionell-defensiven Imame eine äußere (*zahir*) und eine innere Bedeutung (*batin*). Die äußere Bedeutung sei jedoch nur eine Hülle, von eigentlicher Relevanz ist allein die innere Bedeutung. Die Ratio gilt daher in der Religion als nebensächlich, da sie unvollkommen ist. Nur mit dem „inneren Auge" kann die esoterische, spirituelle Welt erfasst werden, die von der sichtbaren Welt verschleiert wird.

Die traditionell-defensiven Imame wenden diese Methode auf alle Textstellen des Korans an – ganz gleich, ob diese nun einen metaphorischen Anstrich haben oder nicht. Es ist quasi das entgegengesetzte Extrem zu der Interpretationsmethode der Fundamentalisten, die alles wörtlich nehmen und für jegliche allegorische Interpretationen keinen Sinn haben.

Durch das Verlassen des äußeren Wortlauts und durch die esoterischen Deutungen überlässt man sich den fantastischsten Spekulationen. Alles stehe im Koran geschrieben, nur müsse man den richtigen Zugang zur Entschlüsselung finden. Aufgrund der hierarchischen Struktur unter den Gelehrten erschließt sich dieses Wissen nur bestimmten eingeweihten Personen. Als Schlüssel für das Verständnis der inneren Bedeutung des Korans dienen Zahlen- und Buchstabensymbolik. Maurice Bucaille zeigt zwar in seinem Werk „Bibel, Koran und Wissenschaften", dass in der Tat sehr interessante Verse existieren, wie etwa die koranische Darstellung der embryonalen Entwicklung im Mutterleib. Allerdings haben die meisten Gelehrten den Koran niemals als ein Orakelbuch verstanden, wie es die traditionell-defensiven Imame ganz offensichtlich tun:

*„In einem sehr alten Tafsir (Koran-Exegese; R.C.) steht geschrieben, dass der Koran mit dem Buchstaben B (ب) beginnt und mit S aufhört. Beide Buchstaben bilden im Arabischen das Wort für ‚genügend' bzw. ‚ausreichend', also damit ist gemeint, dass der Koran alles Wissen beinhaltet. Warum beginnt es nicht mit dem A (ا)? Weil dieser Buchstabe langgezogen ist und sein Haupt hoch trägt und das zeugt von Arroganz. Der Buchstabe B (ب) dagegen ist wie eine Waagschale und demonstriert Bescheidenheit. Und warum endet er mit S (س)? Wegen der drei Punkte, die die drei großen islamischen Reiche symbolisieren und prophezeien. Das erste Reich ist die Zeit des Propheten und der rechtgeleiteten Kalifen, das zweite Reich ist die Zeit der Abbasiden und Omajaden, und das dritte Reich ist das Reich der Osmanen. So, jetzt die Frage: Kann in Zukunft ein Reich ähnlich wie das Osmanische entstehen? Auf keinen Fall, das ist nicht mehr möglich. Wissen Sie auch, warum? Ein Gelehrter, Ismail Hakki Efendi, hat den Hadith ‚Auf der Erde wird das Gute immer gegen das Böse, gegen das Unrecht kämpfen und das Gute wird immer den Sieg davontragen' interpretiert. Er sagte: ‚Auf der Erde wird nach dem Osmanischen Reich nie wieder die Scharia herrschen, sondern nur Gruppierungen, denn der Mahdi wird erscheinen und auch der Dajjal (Antichrist, also Anti-Muslim, R.C.). Der Mahdi wird gegen den Dajjal vierzig Jahre Krieg führen. Dann wird die Zeit von Jesus, des Messias, kommen, und nach seiner Zeit auf der Erde kommt die*

*Stunde des Engels Israfil, der in die Posaune blasen und somit das Jüngste Gericht herbeiführen wird.'"* (Imam Muzaffer M.)

## Dschinne: Der Imam als Exorzist

Im Sommer 2004 ereignete sich im Uniklinikum Essen einer der merkwürdigsten Vorfälle, mit dem die Belegschaft jemals konfrontiert gewesen war. Und sehr wahrscheinlich wird man diesen Sommer so schnell nicht vergessen. Tag für Tag strömten scharenweise türkische Muslime in das Krankenhaus, denn das Gerücht ging um, dort sei ein muslimischer Messias geboren worden. Damit aber nicht genug. Die Mutter des Kindes – eine türkische Frau – sei zwar bei der Geburt gestorben, allerdings sei sie nach genau 41 Tagen wieder zum Leben erweckt worden, um das Kind zu stillen. Die Nachricht verbreitete sich wie ein Lauffeuer, und das Krankenhaus geriet zum Pilgerort. Ärzte und Personal wurden vom Besucherstrom, der sich auch aus dem Ausland speiste, schier überrollt. Als die Klinikleitung den Besuchern zu versichern versuchte, die Geschichte sei frei erfunden, hatte sich bereits eine nicht mehr aufzuhaltende Eigendynamik entwickelt. Da die Klinik mit dem Besucherstrom nicht fertig wurde, rief man die Polizei zu Hilfe und stellte sogar einen Wachmann ein. Den Verlautbarungen der Polizei, bei der Geschichte handele es sich lediglich um ein Gerücht, wurde kein Glauben geschenkt, im Gegenteil: Nun wurden die Besucher erst recht misstrauisch. Erst durch die Kooperation mit den örtlichen muslimischen Multiplikatoren und der örtlichen Friedhofsbehörde, die versicherte, dass in letzter Zeit keine Muslima bestattet worden sei, ließ der Pilgerstrom mit der Zeit nach – auch wenn ein großer Teil der Besucher bis heute nicht wirklich vom Wahrheitsgehalt der Dementis überzeugt ist.

So amüsant die Geschichte auch klingen mag, in einem nicht zu unterschätzenden Teil der türkisch-muslimischen Community sind Volksislam und Aberglaube sehr stark ausgeprägt. Die erste Generation stammte aus ländlichen Gebieten und war ungebildet. Und jedes Dorf hatte wundersame Geschichten über Auferstehungen, Dschinne und andere Wesen aus einer anderen Dimension zu bieten. Diese Elemente zählen zur religiösen Sozialisation der ersten Migrantengeneration. Ein Teil der zweiten und gar der dritten Generation ist mit solchen Geschichten in Deutschland aufgewachsen. So erzählte mir ein türkischer Student in diesem Zusammenhang – und bei den Recherchen für dieses Buch habe ich einige solcher Geschichten gehört – ein Erlebnis, das er bis heute nicht vergessen könne. Als er etwa zehn Jahre alt war, wurde er gegen vier Uhr morgens von seiner Mutter geweckt, weil sein damals dreijähriger Bruder nicht aufhörte zu weinen und zudem drei Streifen, die angeblich so aussahen wie Fingerabdrücke des Dämons, auf seinem Hals hatte. Der Bruder starrte die ganze Zeit die Decke an und schrie. Da der Vater nicht zu Hause war – er war auf Nachtschicht –, sollte der Junge zum nächsten Haus laufen und den türkischen Nachbarn rufen. Der Nachbar eilte sofort zu Hilfe. Sein Bruder wurde aber nicht etwa ins Krankenhaus gefahren, sondern zu einem Imam. Dieses Ereignis habe ihn sehr geprägt, und wenn er sich an den Vorfall erinnere, laufe ihm noch heute ein kalter Schauder über den Rücken.

Ob Schamanen, Rabbiner oder Priester – religiöse Autoritäten waren und sind nicht nur für Liturgien zuständig. In vielen „primitiven" Kulten und auch in den Hochreligionen werden sie bei Krankheiten oder bei „Besessenheit" konsultiert. Wie die Geschichte des jungen Mannes zeigt, ist im islamischen Volksglauben die Tradition etabliert, dass in solchen Fällen Imame aufgesucht werden. In islamischen Ländern wird in bestimmten Kreisen noch Magie betrieben. Es gibt sogar spezielle Läden, in denen man Zutaten für magische Praktiken erwerben kann. Die magische Bewältigung der Lebensprobleme ist auch heute noch in allen Gesellschaften verbreitet – Europa macht hier keine Ausnahme, man denke nur an das Befragen von Horoskopen.

In den „informellen Gelben Seiten" der türkisch-muslimischen Community, der Mundpropaganda, sind diejenigen Imame, die Krankheiten heilen, magische Beschwörungs- bzw. Zauberformeln bzw. Verfluchungen auflösen oder Schutzamulette gegen den „bösen Blick" erstellen können, bundesweit bekannt. Ihre Popularität ist ihre Lizenz. Die Patienten kommen meist aus Verzweiflung, und selbstverständlich bringen sie Geld mit. Denn die Gläubigen sind überzeugt, dass der Ursprung ihrer Krankheit in einer anderen Dimension liegt und man sie daher mit moderner Medizin nicht heilen kann. Die Krankheit kann auf ein Fehlverhalten des Gläubigen, auf Schadenszauber (schwarze Magie) durch einen anderen oder durch Dschinne zurückgeführt werden. Nur Spezialisten können durch entsprechende Praktiken und Methoden eine Heilung herbeiführen:

*„Ich helfe vielen Menschen, die zu mir kommen und besessen sind. Ich lese eine bestimmte Gebetsformel und puste sie in ein Glas Wasser und gebe es den Menschen zu trinken.*

*Ich schreibe auch Schutzformeln auf ein Papier, und die Menschen tragen es dann als Anhänger unter ihrer Kleidung. Ich benutze auch viele Kräuter. Mais fördert beispielsweise das mathematische Denken usw., das ist ein Geheimwissen, über das nur die wenigsten verfügen. Ich garantiere eine hundertprozentige Heilung, nicht 99, sondern 100 Prozent. Ich verfüge über verschiedene Formeln, die ich anwende. Spätestens nach drei Tagen ist jeder, der zu mir kommt, geheilt. Ein Arzt kann da nicht mithalten."* (Imam Muammer H.)

In vielen Religionen wie im katholischen Christentum wird die Praxis des Austreibens von Dämonen bei besessenen Menschen praktiziert. Vorbild für diese Rituale sind die Dämonenaustreibungen Jesu in den Evangelien. So kann man bereits zu Beginn des Markusevangeliums lesen: „Und er zog durch ganz Galiläa, predigte in den Synagogen und trieb die Dämonen aus." (Mk 1,39). Jesus treibt bei seinem Exorzismus zugleich auch Krankheiten aus, die infolge der Besessenheit der Betroffenen entstehen. Weiter treibt Jesus einem Besessenen den Dämon bzw. die Dämonen *Legion* aus (Mk 5,1–20). Die *Apostel* erhalten ebenfalls die Kraft, *Dämonen* auszutreiben (Mk 3,14–16). Und der Vatikan praktiziert bis heute den Exorzismus.

Inmitten Deutschlands kommt es tagtäglich vor, dass sich Menschen verwünscht, verflucht oder besessen fühlen. Ein Arzt kann da nicht weiterhelfen, es müssen schon Exorzisten gerufen werden, um böse Geister oder den Teufel persönlich auszutreiben. Der Tod der Studentin Anneliese Michel im Jahr 1976, der als Vorlage für den Hollywoodstreifen „Der Exorzismus von Emily Rose" diente, war nicht der letzte Akt einer düsteren, mittelalterlichen Praxis. Dass der Teufel weiterhin „Deutsch spricht", zeigt der Buchautor

Marcus Wegner anhand vieler Fallbeispiele. Nach wie vor wird Exorzismus hinter verschlossenen Türen sowohl von der katholischen Kirche als auch seitens evangelischer Freikirchen sowie Sekten praktiziert.

Aber der Teufel spricht nicht nur Deutsch, sondern er scheint auch die türkische Sprache erlernt zu haben. Denn das Therapiegeschäft mit der Teufelsaustreibung floriert in Deutschland auch unter Muslimen. Im Islam existiert zwar keine zentrale, kirchenähnliche Institution oder Hierarchie, so dass der Exorzismus nicht programmatisch vorgenommen wird. Allerdings hat sich im Laufe der islamischen Geschichte die Teufelsaustreibung in gewissen Kreisen etabliert. In vormoderner Zeit hat man viele Phänomene, die man nicht erklären konnte, gerne mit übernatürlichen Mächten begründet. Vergleich man die Exorzismen im Christentum mit denen im Islam, so erkennt man viele Parallelen, z. B. dass man mit Texten aus den Heiligen Büchern arbeitet. Wer sich einen Eindruck vom islamischen Exorzismus verschaffen will, kann im Internet zahlreiche Videos ansehen.

Der islamische Exorzismus wird auch hierzulande durch die traditionell-defensiven Imame praktiziert. Dabei gehen sie wie ein Therapeut vor, der je nach Stadium der Therapie unterschiedliche Dosierungen seiner Techniken vornimmt:

*„Gegen die Dschinne gibt es Schutzformeln im Koran. Man muss z. B. die Sura Fatiha dreimal oder fünfmal oder siebenmal rezitieren. Dann gibt es weitere Suren im Koran, die man auch gegen die Vertreibung der Dschinne aus dem Körper eines Menschen anwenden kann. Wenn beispielsweise jemand zu mir kommt, dann treibe ich den Dschinn durch das Rezitieren des Korans aus. Ich rezitiere dreimal*

*die Sura Fatiha, dann rezitiere jeweils dreimal weitere Suren aus dem Koran. Bei der zweiten Behandlung erhöhe ich die Wiederholungen auf fünf und bei der dritten Behandlung auf sieben usw."* (Imam Sabri T.)

In der katholischen Kirche wird der Exorzismus durch Kurse systematisch vermittelt. So wurden beispielsweise unter Papst Benedikt XVI. zahlreiche neue Exorzisten ausgebildet, 2004 wurde die erste internationale Exorzismuskonferenz in Mexiko abgehalten. Während einer Generalaudienz auf dem Petersplatz am 15. September 2005 wandte sich der Papst an die italienischen Priester, die beauftragte Exorzisten sind. Sie wurden vom Papst ermutigt, ihre Mission unter der „wachsamen Aufmerksamkeit" ihrer Bischöfe zu erfüllen. Denn nach verbindlichem Kirchenrecht dürfen nur speziell vom Ortsbischof beauftragte Priester den Exorzismus praktizieren. Dazu sagt das Kirchenrecht (Codex Iuris Canonici 1172):

§ 1. Niemand kann rechtmäßig Exorzismen über Besessene aussprechen, wenn er nicht vom Ortsordinarius eine besondere und ausdrückliche Erlaubnis erhalten hat.

§ 2. Diese Erlaubnis darf der Ortsordinarius nur einem Priester geben, der sich durch Frömmigkeit, Wissen, Klugheit und untadeligen Lebenswandel auszeichnet.

Da es im Islam keine kirchenähnliche Institution gibt, existieren auch keine Gesetzestexte oder sonstigen Autoritäten, die eine Lizenz zum Exorzismus vergeben bzw. Imame dazu ausbilden. Es gibt diesbezüglich keine einheitliche Lehre. Vielmehr haben sich verschiedene Kreise oder einzelne Personen ihre eigenen Methoden geschaffen, wie man die Dämonen lokalisieren und wie man sie bekämpfen kann. Besonders erfolgreiche Imame werden durch Mundpropaganda in der Community bekannt gemacht. Diesen Imamen werden besondere Kenntnisse und Fähigkeiten der Heilung sowie verschiedenste spezifische Kräfte zugesprochen, über die die anderen Imame nicht verfügen:

*„Die Anzeichen einer Besessenheit erkennt man darin, dass zunächst Beschwerden im Kopf beginnen. Meistens können die Besessenen den Dschinn mit ihren eigenen Augen sehen. Ich selbst habe schon diese Erfahrung gemacht während meiner Wehrdienstzeit in der Türkei in den 1960er Jahren. Jemand hatte das Essen einfach in eine Ecke verschüttet, an der schon mal jemand uriniert hatte. Die Dschinne halten sich meistens gerade in Ecken auf und verspeisen Reste. Genau zu dieser Zeit lief mein Freund an dieser Ecke vorbei, und ein Dschinn drang in ihn ein. Er schrie nur noch: ‚Sie sind da, sie kommen!' Ich musste ihn in sein Bett tragen, denn alleine konnte er nicht gehen. Meistens befinden sich die Dschinne in der Küche, und zwar dort, wo der Müll steht."* (Imam Nuri Y.)

Dabei tritt der Imam unter Einsatz bestimmter ritueller Handlungen und Beschwörungsformeln in direkte Kommunikation mit dem Dschinn oder den Dschinnen und versucht ihn oder sie aus dem Körper des Besessenen fortzujagen. Die Kommunikation mit den Dschinnen kann real oder in Träumen stattfinden. Der Imam Abdurrahman H. kommuniziert im Traumzustand mit den Dschinnen und versucht für seine Exorzismen, ihnen mehr Informationen zu entlocken, um sie besser zu bekämpfen:

*„Meine letzte Kommunikation mit den Dschinnen fand vor sechs Jahren statt. Es waren insgesamt fünf Dschinne, davon hatte einer eine Kopfbedeckung. Sie sahen fast so aus*

wie Menschen, und von ihrer Körperstatur her waren sie weder dick noch dünn, aber alle waren klein. Der mit der Kopfbedeckung fragte mich: ‚Du beschäftigst dich sehr intensiv mit uns, was willst du von uns? Wieso lässt du uns nicht in Ruhe ?‘ Ich antwortete ihm: ‚Ich will erfahren, warum ihr Dschinne die Muslime und die Menschen belästigt.‘ Der Dschinn antwortete: ‚Das kann ich dir sagen. Viele Menschen vergießen ihr Kochwasser in die Spüle oder werfen ihren Müll weg, ohne Bismillah (Im Namen Gottes, R. C.) zu sagen. Dann treffen die uns und tun uns weh, deshalb rächen wir uns. Der zweite Grund ist, dass die Muslime ihren Schambereich beim Baden nicht bedecken, und deshalb belästigen wir sie.‘“ (Abdurrahman H.)

# 5. Intellektuell-offensive Imame: Cogito et credo, ergo sum

Der Typus des intellektuell-offensiven Imams (über 15 Prozent aller Imame) ist sehr progressiv. Er zeichnet sich durch einen intellektuellen, rationalen Zugang zum Islam und durch eine offensiv-kritische Auseinandersetzung mit der islamischen Tradition aus. Charakteristisch sind für die intellektuell-offensiven Imame ihr dynamisches und modernes Rollen- und Religionsverständnis sowie ihre offene Einstellung zur nichtmuslimischen Mehrheitsgesellschaft. Die türkische Nationalität spielt in ihrem Weltbild überhaupt keine Rolle. Sie sind Kosmopoliten. Auffällig ist zudem bei Imamen dieser Kategorie, dass bei ihnen im fortschreitenden Alter ein Reflexionsprozess eingetreten ist. Alle Imame haben eine solide traditionelle Erziehung in der Familie bzw. in Institutionen genossen, haben aber im Laufe ihrer Biografie ihre Religion kritisch hinterfragt und sich während dieses Prozesses von traditionellen Interpretationen des Islam gelöst. Diese Imame treten vehement für eine Neuauslegung bzw. Neu-Interpretation der religiösen Quellen im Kontext der Moderne ein. Hierzu zählen Imame wie Faruk K. (33 Jahre), der schon als Jugendlicher den Wunsch hatte – ganz gegen den Willen des Vaters –, Imam zu werden:

*„Die ersten Jahre nach meiner Rückkehr nach Deutschland waren besonders schwierig. Ich konnte kein Deutsch, war sehr isoliert. In der Moschee fühlte ich mich zu Hause. Dort begann ich den Islam zu lernen und konnte bald als Muezzin die Gottesdienste begleiten. Diese Rolle wertete*

*mich in der Gemeinde auf, und ich bekam viel Lob und Anerkennung. Die Anerkennung, die ich draußen nicht erhielt, bekam ich in der Moschee. Mein Vater war davon nicht begeistert. Er trank viel Alkohol und hatte kaum etwas mit dem Islam zu tun. Er schlug mich oft dafür, dass ich die Moschee besuchte. Er versuchte, mich von der Moschee fernzuhalten, und dafür bekam ich immer eine Tracht Prügel. An ein Ereignis kann ich mich noch sehr gut erinnern. Ich musste damals immer Kohle aus dem Keller holen und zu uns in die Wohnung in die vierte Etage schleppen. Eines Tages hatten wir im Ofen keine Kohlen mehr, und ich war in der Moschee. Mein Vater war absolut außer sich und stürmte in die Moschee und sorgte für ein Fiasko. Er schrie den Imam an: ‚Wo ist mein Sohn? Er hat zuerst mir zu dienen und nicht Gott.' So war halt mein Vater, aber er konnte mich nicht von meiner Liebe zum Islam und zum Imam-Beruf abbringen."* (Imam Faruk K.)

## Geistige Emanzipation: Der Bruch mit der Tradition

Tradition und Religion werden in türkischen Familien großgeschrieben. Die religiöse Erziehung der eigenen Kinder gilt im Islam als oberste traditionelle Pflicht. Daher werden in der Familie und in den Moscheen den Kindern die Grundlagen der Religion vermittelt. Diese religiöse Bildung rüstet die Kinder für ihr ganzes Leben. Zu der Elementarerziehung zählen vor allem die Rezitation und das Memorieren von Koranversen, ohne dass dabei die Inhalte verstanden werden müssen. Allein das Lesen des heiligen Textes gilt als rituelle Handlung. Im Laufe der Zeit kommen zu der traditionellen

Erziehung viele Mythenbildungen und außerkoranische Überlieferungen hinzu, die einen volksreligiösen Charakter besitzen. So lernen türkische Kinder beispielsweise, dass man abends kein Kaugummi kauen darf – weil man dann totes Fleisch kauen würde –, dass man nachts nicht in den Spiegel schauen oder pfeifen soll – Letzteres nicht, weil man damit den Satan rufen würde. Für viele muslimische Kinder ist das „der Islam", den sie ein Leben lang vertreten.

Wie in anderen Gesellschaften existiert auch unter den Muslimen ein geteilter Glaube: einer der Elite und ein Volksglaube. Dieser Volksglaube entspricht nicht der Religion in ihrer idealisierten Form, er ist der Glaube, wie er vom „Otto-Normal-Muslim" gelebt wird. Gerade in der Türkei ist der Volksislam stark verwurzelt, und er differenziert sich in regionalen und lokalen Sonderformen aus. Zu den Praktiken des Volksislam zählen z. B. Gräberkult und Heiligenverehrungen, bei denen es sich um gut organisierte Kulte handelt. Sie sind so verbreitet, dass sogar säkularisierte Familien die Gräber von als besonders heilig geltenden Personen aufsuchen, um zu beten und ihre Hilfe zu erbitten. Denn nach dem Volksglauben verlieren die Heiligen auch nach ihrem Ableben ihre besonderen Kräfte nicht. An ihren Grabstätten werden Knoten angebunden oder Wunschzettel ausgelegt. Der idealisierte Islam, vertreten vor allem durch die intellektuell-offensiven Imame, lehnt derlei Praktiken ab, die Imame sind um Aufklärung bemüht. Nicht den von ihnen vertretenen idealisierten Islam sehen sie im Widerspruch zur Moderne, sondern den Volksislam:

*„In der Türkei ist der Islam als Brauch, nationales und kulturelles Erbe fest verankert. Viele sind Muslime und versuchen mehr oder weniger den Islam zu leben, also wenigs-*

*tens das, was sie als Islam verstehen. Brauchtum und Islam sind so miteinander verschmolzen, dass die meisten Türken in der Türkei das gar nicht so wissen, was der Islam ist oder nicht. In Deutschland steht deshalb nicht der Islam, sondern der islamische Brauch, der Volksislam mit seinen patriarchalischen Strukturen im Widerspruch zur westlichen Lebensweise. Hier ist ein gezieltes Wissen notwendig, um den Islam zu vermitteln.* " (Imam Ahmet U.)

Einen wichtigen Bestandteil des muslimischen Erbes bilden die Lehren und Interpretationen der islamischen Quellen früherer Gelehrter, die heute noch für viele Imame als kanonisch gelten. Diese Schriften enthalten zahlreiche veraltete Bestimmungen und Meinungen, etwa über das Bild und die Rolle der Frau. Die geistige Stagnation, die mit der kritiklosen Übernahme dieser Tradition verbunden ist, geht auf die fatale Entscheidung der *Ulama* im 14./15. Jahrhundert zurück, die islamische Theologie habe bereits alles Wissensnotwendige aufbereitet und erschlossen. Daher wurde das Tor zum *Idschtihad* – der selbständigen Rechtsfindung – für geschlossen erklärt. Man darf dies nicht so verstehen, als hätte eine zentrale Institution beschlossen und verkündet, dieses Tor sein nun verschlossen; die Abkehr vom *Idschtihad* setzte sich vielmehr in einem bestimmten geistigen Klima durch. Von nun an zeichnete sich die islamische Theologie durch *Taqlid* (blinde Nachahmung) und Autoritätsgläubigkeit aus. Den früheren muslimischen Kommentatoren wurde mehr Bedeutung beigemessen, weil sie ja zeitlich gesehen näher an den Quellen des Frühislam standen. Dass diese Quellen nicht überhistorisch zu verstehen und die Gelehrten auch nur Menschen ihrer Zeit waren, die Quellen also in spezifischen sozialen, kulturellen und politischen Kontexten zu interpretierten sind, wird dabei völlig ignoriert. Es ist nicht der einzige Faktor, der zum Verfall und zur Dekadenz der islamischen Welt führte, aber die Taqlid-Doktrin ist sicherlich ein entscheidender.

Ein großer Teil der Imame – die ja überwiegend in einem traditionell-religiösen Umfeld aufwachsen – schwimmt mit dem Strom und imitiert die alten Lehren. Und auch ein Theologiestudium führt bei vielen unter ihnen nicht unbedingt dazu, die tradierten Lehren abzustreifen. Nur ein kleiner Teil der religiösen Autoritäten beginnt die Tradition zu hinterfragen, wie eben auch die Imame der intellektuell-offensiven Kategorie. Alle haben praktisch in ihrer Jugend oder Studentenzeit eine Phase durchgemacht, in der sie den ihnen vermittelten Islam hinterfragten. Bei einem Teil der muslimischen Jugendlichen in Deutschland ist ein ähnlicher Prozess festzustellen. Auch sie suchen für sich einen neuen, individuelleren Zugang zu ihrer Religion. Dabei wird nicht einfach nur die Tradition imitiert und weitergeführt; durch individuelle Auseinandersetzungen mit den religiösen Schriften vertiefen sie ihre Kenntnisse und interpretieren diese zum Teil in einem neuen Licht. Die Soziologin Ursula Mıhçıyazgan bezeichnet dies als „Prozess der Hochislamisierung". Bei dem Imam Abdullah H. begann ein solcher Prozess in seiner Zeit als Schüler am Gymnasium. Spätestens dann setzte bei ihm ein Reflexionsprozess ein:

*„Das hat verstärkt in meiner Zeit am Gymnasium anfangen. Ich habe mich sehr detailliert mit der Religion auseinandergesetzt, was die Religion eigentlich ist und was sie will. Diesbezüglich habe ich sehr viele und unterschiedliche Bücher gelesen und studiert. Es kam auch oft vor, dass ich in*

*Konflikt mit dem traditionellen Religionsverständnis kam. Also, ich habe oft mit meinem Vater, mit anderen Erwachsenen oder mit meinen Dozenten an der Fakultät debattiert. Mit der Zeit, so glaube ich, habe ich für mich die Religion wiederentdeckt und neu definiert. Also, dass die Menschen viel hineininterpretiert haben, obwohl die Religion eine ganz andere Auffassung hat.*" (Imam Abdullah H.)

Charakteristisch ist auch die Biografie von Imam Can S., der in einer traditionell-muslimischen Familie sozialisiert ist und relativ früh viele Widersprüche in der religiösen Lebensweise der Muslime erkannt hat. Viele Zweifel plagten ihn als jungen Mann, die er aber in die Tiefen seiner Psyche verdrängte. Doch lange konnte er sich dem dogmatischen Schlummerschlaf nicht mehr hingeben, er begann diesen Zweifeln auf die Spur zu kommen:

*„Ich habe z.B. in meinem Freundeskreis oft erlebt, dass die türkischen und kurdischen Jungs selbst viele Freundinnen hatten, aber ihren Schwestern war es nicht erlaubt, einen Freund zu haben. Das sind so Sachen, die mich immer stutzig gemacht haben. Der Mann darf alles tun, was er will, aber die Frau nicht. Ich dachte immer: So ist der Islam. Und das war für mich eine große Ungerechtigkeit; bis ich mich später damit auseinandersetzte.*" (Imam Can S.)

In den Gesprächen mit Imamen dieser Kategorie hat sich herauskristallisiert, dass das multireligiöse Umfeld in Deutschland die Reflexion offensichtlich stärker fördert. Nicht nur mit der eigenen Religion setzen sie sich stärker positiv auseinander, sondern auch mit der christlichen. Grundsätzlich gibt es zwei Reaktionsmöglichkeiten, die eine fremde Kultur hervorrufen kann: Erstens kann das Fremde exotisch wirken, dann wird die fremde Kultur – wie es etwa im Urlaub der Fall ist – sehr interessant wirken. Zweitens aber, und das ist im Alltag meist der Fall, kann die fremde Kultur die eigene Handlungsgewissheit, eigene Weltsichten und Wertüberzeugungen in Frage stellen. Da die fremde Kultur auf dieselben Alltagsbereiche gerichtet ist wie die eigenen Deutungen und Orientierungen, kann sie eine unvermeidliche Abwehrreaktion hervorrufen.

Für die intellektuell-offensiven Imame wirkt das multikulturelle und multireligiöse Umfeld hingegen stimulierend. Nicht eine Abwehrreaktion, sondern eine intellektuelle Auseinandersetzung vor allem mit dem Christentum ist ihre Reaktion. Im Zuge dessen relativieren sie die traditionellen Standpunkte der Muslime bezüglich nichtislamischer Religionsgemeinschaften, und viele Verse aus dem Koran erscheinen infolge alltäglicher Kontakte mit Nichtmuslimen in einem anderen Licht. In ihrer intellektuellen Entwicklung waren die Imame nicht auf sich alleine gestellt, sondern sie haben sich vor allem auf einen bestimmten geistigen Mentor berufen, den sie mit der europäischen Version des Islam assoziierten und in den Interviews immer wieder zur Sprache brachten.

## Leopold Weiss alias Muhammad Asad: Ein moderner Visionär als geistiger Mentor

Nach wie vor stellt die Diaspora für viele Religionsgemeinschaften eine Chance zur Selbstbestimmung dar, wie es das Beispiel des klassischen Einwanderungslandes USA zeigt.

Eine solche Diaspora – das Leben von Millionen Muslimen als Minorität in einer nichtmuslimischen Umgebung – ist allerdings ein Phänomen, das erst seit dem 20. Jahrhundert zur muslimischen Massenerfahrung geworden ist. Zuvor waren alle islamischen Quellen und Rechtsauslegungen innerhalb muslimischer Gesellschaften und unter muslimischer Herrschaft entstanden. Als Minoritäten in westlichen Industriegesellschaften sind die Muslime mit der Frage der Kompatibilität ihrer Identität mit westlichen Werten konfrontiert. Vor allem gebildete Muslime suchen in einer solchen Situation ernsthaft nach den Antworten ihrer Religion, allerdings bleiben sie mit ihren Fragen meist auf sich allein gestellt. Denn die Schriften der traditionell geschulten Gelehrten in islamischen Ländern tragen nur allzu oft den Stempel der Autorität und einer ungebrochenen Überzeugung, weshalb sie europäisch geschulte Muslime kaum anzusprechen in der Lage sind. Für jene, deren Geist durch westliche Kultur geformt ist, müssten sie viel tiefer schürfen und vieles mehr in Frage stellen, bis endlich Antworten gefunden wären.

Quantitativ gesehen leben zwar heute viel mehr Muslime in Europa als noch vor wenigen Jahrzehnten, was die Qualität eines europäisch geprägten islamischen Denkens angeht, sieht es jedoch mager aus. Nur wenige europäische Konvertiten wie René Guénon, Frithjof Schuon, Martin Lings und vor allem Leopold Weiss alias Muhammad Asad haben eine Vorbild- und Brückenfunktion für die europäischen Muslime gewonnen. Letzterer ist der geistige Mentor vieler intellektueller Muslime – auch für die intellektuell-offensiven Imame – in Europa, weil er eine Brücke zwischen dem Westen und der islamischen Welt aufbauen wollte:

*„Also, ich kann schon, wenn ich zurückblicke, sagen, dass mir Muhammad Asad wirklich die Augen geöffnet hat. Durch seine Bücher habe ich eine ganz andere Perspektive auf den Islam bekommen. Allein die Tatsache, dass er auch Christen und Juden als gläubige Menschen anerkennt, ist für mich sehr revolutionär. Dafür wurde er aber auch von vielen konservativen Kreisen kritisiert."* (Imam Numan G.)

Muhammad Asad (1900–1992) stammte aus einer jüdischen Akademiker- und Rabbinerfamilie. Er zählte zu den vielen Persönlichkeiten aus der Zeit nach dem Ersten Weltkrieg, die nach dem Schockerlebnis und nach dem Verlust ihres Glaubens an den materiellen Fortschritt sich auf eine spirituelle Suche begaben. Die seelische Leere plagte viele Menschen. Erich Kästner setzt sich in seinem einzigen Roman für Erwachsene „Fabian" mit dem moralischen und geistigen Verfall dieser Phase auseinander. Ein Gefühl innerer Unsicherheit war verbreitet, und man lebte in einer ethisch labilen Welt.

Nach einem sehr langen Abenteuer im Orient – u.a. als Nahost-Korrespondent der Frankfurter Zeitung – konvertierte Asad 1927 in Kairo formal zum Islam. Asad war stark von den *Mutaziliten* (einer rational ausgerichteten Strömung im Islam) und von dem Reformer Muhammad Abduh (1849–1905) geprägt, der für eine Synthese von westlichen und muslimischen Vorstellungen eintrat. Daher suchte Asad einen rationalen Weg zum Islam zu finden. Das tat er mit seinem *opus magnum*, seiner kommentierten Koranübersetzung, die er 1980 veröffentlichte. Seine Kommentierung war vielen puritanischen Kreisen zu zeitgemäß und deshalb ein Dorn im Auge, so dass es im wahhabitischen Saudi-Arabien zu öffentlichen Verbrennungen seiner Übersetzung kam.

Asad selbst war ein Kritiker der wahhabitischen Bewegung, einer puritanischen und kompromisslos ausgerichteten Glaubensrichtung, benannt nach ihrer Gründerfigur Muhammad Ibn Abdu-l-Wahhab (1703–1792).

Aufgrund seines Studiums und seiner vielen Reisen durch die damalige islamische Welt gelangte Wahhab zu der Überzeugung, dass die meisten Muslime vom islamischen Ideal abgewichen seien; nur die wenigsten dürften sich noch Muslime nennen. Seine Mission bestand darin, den authentischen Islam wiederherzustellen. Er wollte die Sonderlehren und späteren religiösen Bräuche mit Gewalt beseitigen, um zur „reinen Lehre" des Propheten zurückzukehren. Dabei ging er buchstäblich über Leichen. Für Mystik, allegorische Interpretationen des Korans oder theologische Spekulationen war in seiner Lehre kein Raum. Aber aus dem von ihm so sehr erhofften geistigen Aufbruch wurde nichts. Einerseits ging es ihm nur um eine buchstabengetreue Befolgung der islamischen Lehre, ohne den geistigen Gehalt dieser Lehre zu reflektieren und zu durchdringen. Andererseits führte die „Null-Toleranz-Politik" des Wahhabismus dazu, neben der wahhabitischen Lehre keine andere zu dulden. Wahhab sagte sich vom Osmanischen Reich los und erklärte die osmanischen Sultane für Apostaten, also für Abtrünnige, weil sie von seiner Vorstellung eines Ur-Islam abwichen.

Sobald auf der Arabischen Halbinsel der Wahhabimus zu politischer und militärischer Macht aufgestiegen war, wurde diese Null-Toleranz-Ideologie hart durchgesetzt. Der Wahhabismus soll auch in andere Länder exportiert werden, daher wird seitens der Saudis weltweit eifrig missioniert.

Die intellektuell-offensiven Imame fürchten den Einfluss der Wahhabiten auf die muslimischen Jugendlichen, auch in Deutschland:

*„Wir Muslime müssen uns erst mal mit den kontraproduktiven Kräften unter uns auseinandersetzen. Dazu zählen vor allem die Wahhabiten, die in den letzten Jahren versuchen, starken Einfluss auf muslimische Jugendliche auszuüben. Die Wahabiten haben das bereits in Bosnien versucht. Im Islam spielen Spiritualität und Mystik eine ganz besondere Rolle. Leben wird als sehr kostbar angesehen. Das gilt von großen Lebewesen bis zu kleinen wie Ameisen. Der Wahhabismus ist deshalb eine Gefahr, weil das Recht auf Leben nicht respektiert wird. Muhammad Asad hat mit seiner Koraninterpretation gezeigt, wie der Islam wirklich ist. Er hat vielen Europäern den Zugang zum und das Verständnis des Islam erleichtert. Auch seine Biografie ist wirklich ein Schlüssel zum Verständnis des Islam."* (Imam Faruk K.)

Inspiriert von Asad erkennen die intellektuell-offensiven Imame den Koran als tauglich zur Interpretation. Ein starres Festhalten an der wörtlichen Bedeutung der Lehre halten sie für falsch. Die Verse müssten aus ihrer historischen Schale herausgelöst und kontextuell interpretiert werden. Vor allem die im Laufe der islamischen Geschichte entstandenen talmudähnlichen Verrechtlichungen der islamischen Lehre werden moniert. Diese veralteten, komplexen und komplizierten Vorschriften gäben keine Antworten auf die neuen Herausforderungen der Moderne:

*„Es existieren viele Regelungen, die das Alltagsleben betreffen und die vor hunderten von Jahren formuliert worden sind, aber das muss in jedem Jahrhundert, sogar in jedem Jahrzehnt neu interpretiert werden. Heute stehen wir vor*

*vielen Herausforderungen, auf die der Islam neue Antwor-*
*ten liefern muss. Die Moderne und der Islam schließen sich*
*nicht aus. Der Islam kann überall und jederzeit gelebt wer-*
*den. Es gibt aber Imame, die deswegen vor einer Verwestli-*
*chung oder der Gefahr einer Assimilation oder der Abkehr*
*vom Türkentum warnen; oder man sagt: ,Er ist verdeutscht.'*
*Das ist Unfug. Verwestlichung, Deutschsein und Islam*
*schließen sich nicht aus. Vielmehr beobachte ich mit Sorge*
*die sozialen Problemlagen oder die Schließung von Kirchen*
*in Deutschland. Das betrifft uns alle. Das sind die wirkli-*
*chen Probleme, die uns alle betreffen."* (Imam Can S.)


## Zurück in die Vergangenheit oder: Braindrain aus den Gemeinden

Als intellektueller Imam in muslimischen Gemeinden Deutschlands steht man ziemlich alleine da. Denn das intellektuelle und soziale Gefälle der Muslime und auch der muslimischen Organisationen zur Mehrheitsgesellschaft ist sehr groß. In den klassischen Einwanderungsländern zählen die Muslime zur Bildungselite, die meisten Muslime sind als Studenten eingereist. Darauf hat der US-Präsident Barack Hussein Obama in seiner Kairoer Rede hingewiesen, als er über die Chancengleichheit in seinem Land sprach: „Dies (die Chancengleichheit) schließt nahezu sieben Millionen amerikanische Muslime ein, die heute in unserem Land leben, und die übrigens über ein Einkommen und einen Bildungsstand verfügen, der über dem amerikanischen Durchschnitt liegt."

Nach Deutschland sind Muslime als Gastarbeiter eingereist, und sie sind bis in die dritte Generation überwiegend im Arbeitermilieu vertreten. Ihre soziale Mobilität ist gering, dementsprechend gering ist die Zahl der muslimischen Akademiker. Das bekommen auch die intellektuell-offensiven Imame in ihrem Alltag zu spüren:

*„Bevor ich nach Deutschland kam, dachte ich mir, dass die Türken in Deutschland anders sind, dass sie ein höheres Bildungsniveau haben und kultiviert sind. Leider wurden meine Erwartungen nicht erfüllt. Ich musste die Erfahrung machen, dass die Türken eher zurückgezogen leben und ein sehr geringes Bildungsniveau aufweisen. Nur sehr wenige haben sich weiterentwickelt. Das hat etwas damit zu tun, dass kaum gelesen wird. Deutschsprachige Medien werden ohnehin nicht gelesen, daher können sie auch nicht die gesellschaftlichen Entwicklungen verfolgen und auch nicht an dieser Gesellschaft teilnehmen. Wie Sie wissen, kamen die meisten Türken der ersten Generation aus ländlichen Gebieten."* (Imam Abdullah H.)

Die Sozialstruktur in der türkisch-muslimischen Community ist auch dafür verantwortlich, dass man seit den 1970er Jahren überwiegend ein Nischendasein führt. Dieser Rückzug in die eigenen Strukturen resultierte zum einen aus der Angst vor der Assimilation, denn Migration birgt immer die Gefahr, die eigene Kultur und Religion zu verlieren und gänzlich in der Mehrheitsgesellschaft aufzugehen. Migranten fesseln sich deshalb stärker als ihre Landsleute in der Heimat an die Normen und Werte aus dem Herkunftsland. Sie legen größeren Wert auf Bräuche, Sitten und Traditionen.

Historisch zeugen davon z.B. Traditionen und Feste deutscher Auswanderer. Viele Deutsche sind im 19. und 20. Jahrhundert nach Brasilien emigriert und pflegten jahrelang gewisse Traditionen (z.B. den Geburtstag des Kaisers), die hierzulande längst in Vergessenheit gerieten. Ähnlich ist es auch mit den Türken in Deutschland, die – anders als die Türken in der Türkei – viel stärker den Normen und Werten aus der Herkunftsgesellschaft verhaftet sind.

Andererseits führen die Zuschreibungsprozesse der deutschen Mehrheitsgesellschaft („Du bist Türke") dazu, dass die türkischen Migranten als Reaktion gerade diese Zuschreibungen übernehmen. Noch heute finden sich viele gut integrierte Türken mit Aussagen und Fragen wie „Vermissen Sie Ihre Heimat?" bzw. „Sie sprechen aber gut Deutsch!" und anderen Klischees konfrontiert. Auch wenn sich diese „kulturellen Unterschiede" längst minimiert haben sollten, greifen Migranten dennoch zur Sicherung und Stabilisierung ihrer Identität auf diese „Unterschiede" zurück.

Während die traditionell-konservativen Imame einen Verfall der Normen und Werte in den türkisch-muslimischen Gemeinden wahrnehmen, stellen dagegen die intellektuell-offensiven Imame eher eine Stagnation fest:

*„Ich habe das Gefühl, als hätte man in der türkisch-islamischen Gemeinschaft die Zeit eingefroren. Ich habe das Gefühl, als hätte ich eine Zeitreise in die 1980er Jahre der Türkei gemacht. Die Türken leben und denken hier so, wie wir in den 1970ern und 1980ern in der Türkei gelebt und gedacht haben."* (Imam Numan G.)

Vor allem die erste Migrantengeneration, die die Moscheegemeinden gegründet haben und heute im Rentenalter sind, repräsentieren die alten Werte und fungieren als Wächter in den Gemeinden. Auch wenn sie zunehmend aus den Vorständen verdrängt werden, wahren sie aufgrund der Gründung und Finanzierung der Moscheegemeinden eine informelle Machtposition. Sie sind es auch, die an den Imam eine traditionelle Rollenerwartung herantragen. Sobald ein Imam aus der Reihe tanzt und über die traditionelle Rolle hinausweist, etwa in Form sozial- oder freizeitpädagogischer Aktivitäten, zeigt man ihm seine Grenzen.

Der Anpassungsdruck auf die intellektuell-offensiven Imame ist groß, vor allem in nichtstaatlichen Moscheegemeinden, in denen ihnen jederzeit fristlos gekündigt werden kann. Ein Imam hat den Koran zu lehren und nicht mit den Jugendlichen Sport zu treiben:

*„Wir werden einfach nicht wertgeschätzt. Die älteren Gemeindemitglieder sagen: ‚Wozu brauchen wir einen hochqualifizierten Imam? Es reicht, wenn er das Gebet leitet, sich bückt, niederwirft und wieder aufrichtet.' Sie wollen Imame einstellen, die auf demselben Niveau wie sie sind. Und was zeigt die Erfahrung? Die meisten Imame bleiben drei Monate, höchstens vier Monate in einer Gemeinde, dann müssen sie gehen. In Deutschland grenzt das schon an ein Wunder, wenn ein Imam mehr als ein Jahr in einer nichtstaatlichen Moschee arbeitet."* (Imam Ahmet U.)

Einen Lichtblick stellen die jungen Gemeindemitglieder dar, die in den Gemeinden zunehmend größeres Gewicht bekommen. Sie fördern den Wandel der türkisch-islamischen Dachverbände von einem „Gastarbeiter-Islam" hin zu einer deutschen Organisation. Sie sind besser gebildet, mit der hiesigen Gesellschaft besser vertraut, und sie forcieren einen Umdenkungsprozess in den Vereinen. Sie wollen die Rolle der Gemeinden neu definieren und verstärkt eine integrative Funktion in Deutschland wahrnehmen. Meist sind es auf europäischem Boden geborene Akademiker, die sich als Europäer verstehen und durch ihr Engagement tiefgreifende

Veränderungen in den Gemeindestrukturen bewirken wollen. Dies ist ein langfristiger Prozess, der sich mindestens bis in die vierte und fünfte Generation der türkischen Muslime hinziehen wird.

Da es sich bei ihm um ein zartes Pflänzchen handelt, ist dieser Prozess extrem störanfällig. Vor allem, wenn seinen Protagonisten innerhalb der konservativen Gemeindestrukturen keine Möglichkeit zur Partizipation gelassen wird. Ein Teil dieser Akademiker hat einen langen Atem, sie wollen die Gemeinden von innen her verändern. Ein anderer Teil ist schlicht frustriert, weil der Öffnungsprozess nur mühsam vorangeht. Sie verlassen die Gemeinden und gründen ihre eigenen Strukturen. Meist werden Vereinsräume angemietet, die für soziale und kulturelle Aktivitäten genutzt werden. In vielen Städten Deutschlands sind bereits derartige Strukturen mit hochgebildeten und unabhängigen Muslimen entstanden.

Mit einer solchen Trennung verlieren die Eliten gleichzeitig den Bezug zur eigenen gesellschaftlichen Basis; und dies ist die andere Seite der Medaille. Denn der Einfluss auf die große Masse der Muslime wäre wichtig, vor allem die Unterstützung der intellektuell-offensiven Imame und der progressiven Kräfte in den Gemeinden. Als geistige und intellektuelle Elite können sie nur über die Organisationen die Kommunikation mit dem einfachen Volk wahren. Mit dem Verlassen dieser Strukturen ist ihnen auch die Möglichkeit genommen, ihre wichtige Brückenfunktion zwischen muslimischen Gemeinden und Mehrheitsgesellschaft zu erfüllen. Auf diese Weise lösen also die Gemeinden und die Dachverbände selbst einen „Braindrain-Prozess" aus und verlieren somit ihr wertvolles kulturelles Kapital:

*„Kaum haben sie ihr Diplom gemacht, verlassen sie die Moscheen und gründen eigene Gruppen. Ich verstehe sie auch, obwohl das natürlich für die Gemeinde ein großer Verlust ist, für mich natürlich auch. Die Akademiker, von denen es ja ohnehin nicht viele gibt, sind eigentlich das Gehirn einer Gemeinde. Die jungen Leute fühlen sich nicht verstanden oder können ihre Ideen nicht umsetzen, deshalb gehen sie auch. Das ist wirklich ein großer Verlust, aber die Verbände sehen dieses Problem nicht.“* (Imam Faruk K.)

## Imame versus türkische Männer-Cafés: Armut, Glücksspiel und Prostitution

Intellektuell-offensive Imame sind die einzigen unter den Imamen, die über die sozialen Missstände innerhalb der deutsch-türkischen Community informiert sind. Das wurde in den Interviews deutlich, wenn sie etwa das Männer-Café-Problem ansprachen und ihr Engagement gegen die sozialen Probleme akzentuierten. Denn in gettoisierten Stadtteilen befinden sich nicht nur eine große Zahl an Moscheevereinen, sondern ebenso die berühmt-berüchtigten türkischen Männer-Cafés, auch Teestuben genannt. Viele Deutsche kennen diese suspekten Lokale: verdunkelte Scheiben, auf der Tür steht „Deutsch-Türkischer Kulturverein“, und man wundert sich, dass man dort kaum auf Deutsche trifft. Seit den 1970er Jahren haben sich die Männer-Cafés fest im Freizeitleben vor allem der türkischen Arbeiterklasse und der Jugendlichen etabliert. Ein Teil dieser Männer-Cafés wird nicht mehr traditionell – mit Tee und Kartenspielen – geführt, sondern es haben sich hier rechtsfreie Räume entwickelt. In Zeitungen kann man hin und wieder von Schließungen oder Razzien in solchen Lokalen lesen. Die intellektuell-offensiven Imame haben diesen Einrichtungen auch ihren Kampf angesagt. Damit stehen sie aber meist ziemliche alleine da.

Meine Erfahrung mit den Männer-Cafés setzte mit dem Beginn meiner Doktorarbeit ein. Gewappnet mit einem Aufnahmegerät und einer Liste voller Fragen versuchte ich, ein solches Männer-Café zu betreten. Obwohl ich von draußen Silhouetten und Stimmen wahrnehmen konnte, war die Tür verschlossen. Ich klopfte, man ließ mich ein und schloss die Tür hinter mir gleich wieder zu. Es war fast wie in einem schlechten Western. Die Männer saßen an verschiedenen Tischen und pokerten um Geld. Ich setzte mich an die Theke, legte mein Aufnahmegerät darauf und fragte: „Ich komme von der Universität und schreibe gerade eine Arbeit über Männer-Cafés. Könnte ich mit Ihnen Interviews führen?" Kaum hatte ich den Satz zu Ende gesprochen, fand ich mich vor der Tür des Lokals wieder. Kein Wunder. Wer so vorgeht, bekommt im Milieu keine Interviews. Natürlich lernt man daraus, und am Ende hatte ich zahlreiche Cafés erkunden können.

In der Türkei haben diese Lokale eine lange Tradition. Sie spielen seit dem 16. Jahrhundert eine zentrale Rolle im soziokulturellen Leben. Seitdem ist im Orient ein regelrechter Männerkult entstanden: in den sogenannten *Mahalli Kahvehaneleri* – d.h. örtliche bzw. Stadtviertel-Cafés, die hauptsächlich den türkischen Männern vorbehalten sind. In der Türkei existieren derzeit etwa 350 000 derartiger Lokale. In Deutschland ist die Zahl der Männer-Cafés zwar nicht annähernd so hoch, allerdings beläuft sie sich auf einige tausend. Für die türkische Männerwelt bilden sie das verlängerte Wohnzimmer im Stadtviertel. Eingetragen sind sie überwiegend als Vereine, damit für Tee und Alkohol keine Steuern entrichtet werden müssen. Die Besucher dieser Lokale werden als *Kahveci* bezeichnet, was so viel bedeutet wie Café-Gänger.

Als die türkischen Männer-Cafés in den 1970er Jahren gegründet wurden, boten sie ein geselliges Zusammensein. Sie bereicherten das gesellschaftliche Leben der türkischen Männer in der Fremde. Ähnlich müssen auch deutsche Einwanderer in den USA bei der Gründung von Vereinen empfunden haben, wie im Abschnitt einer Festrede anlässlich des fünfzigjährigen Bestehens eines deutschen Vereins in den Vereinigten Staaten zu lesen ist: „Mitten in dem öden, monotonen Meere des sozialen Lebens, wie dieses zur Zeit der Gründung des Vereins, und viele Jahre lang danach hier gestaltet war, bildeten die Vereinsräume eine Insel, geschmückt mit den Blüten und Blumen deutscher Musik und Geselligkeit." (Dietmar Kügler) Noch in den 1970er Jahren stellten die Männer-Cafés einen Schutzraum für türkische Eltern dar. Das Café galt damals als eine vertrauenswürdige Freizeiteinrichtung. Doch diese Zeiten sind vorbei. Für türkische Eltern sind sie mittlerweile ein Sumpf, und vielen Imamen sind sie ein Dorn im Auge. Das Café ist ein Treffpunkt für das türkische „Freizeitproletariat" geworden. Und sie werden längst nicht mehr nur traditionell geführt.

*„In der Türkei hat jedes Viertel seine Männer-Cafés. Auch dort haben sie keinen so guten Ruf, aber nur, weil eben viele Männer den ganzen Tag über dort sitzen und ihre Familien vernachlässigen. In Deutschland kann man diese Lokale eigentlich nicht mehr als Kahve bezeichnen. Es sind*

*Kneipen, Nachtlokale und Spielhallen, aber auf keinen Fall gelenksel Kahve (traditionelle Cafés, R. C.) mehr. Komischerweise sind immer dort, wo Armut und Arbeitslosigkeit herrschen, auch viele Männer-Cafés, Spielhallen und diese Oddset-Läden. Warum wohl? Um von der Situation dieser Menschen zu profitieren. Die Männer sitzen stundenlang in diesen Lokalen, ihre Familie, die Bildung ihrer Kinder ist ihnen völlig egal. Die Moscheen versuchen, eine Alternative zu diesen Einrichtungen zu sein, aber nicht jede Gemeinde ist in der Lage, dagegen anzukämpfen."* (Imam Can S.)

So haben beispielsweise viele Cafébesitzer ihr Etablissement in ein „Spielkasino" verwandelt, allerdings ohne den Staat am Gewinn zu beteiligen. Wettspiele, Pokerabende und Würfelspiele zählen längst zum festen Inventar vieler Männer-Cafés. Mit der Zunahme des Glücksspielangebots in den letzten Jahren ist auch die Zahl der Spielsüchtigen gestiegen. Vor allem unter den arbeitslosen Jugendlichen und Männern hat das Spielen aufgrund seiner Ventilfunktion und der Hoffnung, einen schnellen Euro zu verdienen, zugenommen. Hat sich die Spielsucht erst einmal entwickelt, ist der Weg in die Schuldenfalle nicht weit. Das Spiel wird im Leben des Spielers immer wichtiger.

Die eigentlichen Gewinner der Pokerrunden oder der Würfelspiele sind selbstverständlich die Café-Inhaber. Sie kassieren immer ihr *Mano*: Jeder Tisch bzw. jeder Spieler muss beim Poker eine bestimmte Summe pro Stunde oder – bei höheren Einsätzen – einen bestimmten Prozentsatz des Gewinns an den Cafébesitzer abtreten; je nach Höhe der Einsätze steigt auch der *Mano*, so dass der Cafébesitzer eigentlich immer als Gewinner aus dem Café geht. Die sicheren Einnahmen in diesen Pokernächten bilden die Motivation für die Café-Inhaber, das Risiko einzugehen, die illegalen Glücksspiele zuzulassen. Auf den Spielnächten halten sich auch die *Tefeciler* (Zinswucherer) auf; das sind die berüchtigten Geldverleiher der Szene. Dass die Spieler bei diesen Personen trotz der hohen Zinsen immer wieder Kredite aufnehmen, hat verschiedene Gründe. Zum einen kann man nach einem verlorenen Spiel sofort wieder Geld für eine weitere Partie bekommen. Zum anderen sind hoch verschuldete Spieler nicht mehr kreditwürdig, so dass sie auf die halbseidenen Geldverleiher angewiesen sind. Denn nicht einmal im engen Verwandten- und Bekanntenkreis ist es ihnen mehr möglich, sich Geld zu borgen.

Bei sehr hoher Überschuldung eines Spielers wird nach den Milieu-Gesetzen in den größeren Männer-Cafés die sogenannte *Açılış* (Eröffnungsspiel) organisiert, eine Art „Sozialsystem" unter den Spielern, das den verschuldeten Personen zugutekommen soll. Beim *Açılış* erhält die Person, der diese Spielnacht gewidmet ist, die gesamten Einnahmen der Spielerkasse, so dass er mit einer hohen Summe beschenkt wird. Das Geld soll dazu dienen, die Schulden abzubezahlen, eine gewisse Solidarität unter den Spielern herzustellen und natürlich die Teilnahme an den weiteren Glücksspielen zu gewährleisten. Allerdings kommt nicht jeder Schuldner in den Kreis der Auserwählten, da die Wahl von den Patronen im Milieu getroffen wird. Die Kriterien für die Wahl einer Person sind vielfältig. So kann der Grad der Bekanntschaft bzw. Verwandtschaft entscheidend sein, oder aber die Wahl wird als ein Gnadenakt des einflussreichen Café-Inhabers getroffen, um die eigene Großzügigkeit zu demonstrieren. Die Beschenkung des Schuldners ist aber nur eine temporäre Lösung, da die Spielsucht ihn immer wieder an den

Pokertisch zwingt. Um dem Bild des Familienvaters zu entsprechen, wird die private Verschuldung zunächst verheimlicht. Spätestens mit der Überschuldung ist eine Geheimhaltung nicht mehr möglich. Meist kommen die Väter der Spieler zu den Imamen und beschweren sich:

*„In den meisten Moscheen sieht die Situation folgendermaßen aus. Viele Kinder kommen bis in die Pubertät in die Moschee. Dann verlässt ein großer Teil die Moscheen und geht anderen Interessen nach. Ein Teil dieser Jugendlichen findet irgendwann mal im Erwachsenenalter den Weg zur Moschee wieder, wenn sie heiraten, oder spätestens, wenn man eigene Kinder bekommt. Der andere Teil aber bleibt für immer weg. Viele davon sind Kinder unserer älteren Gemeindemitglieder. Die Väter sind fromme Moscheegänger, die Kinder sind eifrige Café-Gänger. Unter vier Augen berichten mir viele Väter von den Problemen ihrer Kinder, dazu zählt auch die Spielsucht. Meist bitten sie mich, mit ihren Kindern zu sprechen. Die Kinder verspielen ihren Lohn oder ihr Hartz IV bei diesen Spielen. Das ist ein ernsthaftes Problem, weil vor allem die Familien leiden. Im Islam ist das Glücksspiel absolut verboten, dennoch gibt es viele Muslime, die spielen."* (Imam Numan G.)

Die Männer-Cafés profitieren auch von der Globalisierung. Denn mit ihr entstehen besonders für Migrantinnen im Dienstleistungsbereich neue Beschäftigungsmöglichkeiten. Ihre Erwerbschancen konzentrieren sich allerdings auf sozial ungeschützte Beschäftigungsverhältnisse. Diese Frauen sind oft bereit, arbeitsintensiveren und geringer entlohnten Berufen nachzugehen, wie in den Bereichen des „Domestic Service", im Niedriglohnsektor sowie in der Sexindustrie. Eine geschlechtsspezifische Form der Migration

131

ist auch der Frauenhandel. In dieser Branche ist die Grenze zwischen Freiwilligkeit und Zwang fließend. Dies ist z. B. bei philippinischen Frauen der Fall, die als „Exportartikel" in den Mittelschichtshaushalten Europas als Dienstmädchen („Domestic Service") arbeiten. Sie arbeiten meist unter sehr schwierigen Bedingungen und leben in Abhängigkeit von ihren Arbeitgebern.

Das türkische Männer-Café ist längst nicht mehr nur eine reine Männergesellschaft. Auch Frauen haben Einzug in die Cafés gehalten – allerdings nicht die eigenen oder sonstige türkische Frauen, versteht sich. Mit der Schaffung krimineller Gelegenheitsstrukturen in diesen zum Teil rechtsfreien Räumen werden Frauen aus den osteuropäischen Staaten als „Kellnerinnen" eingestellt. Denn diese – zum Teil bordellähnlichen – Cafés sind für die Behörden nur schwer kontrollierbar und daher bevorzugte Anlaufstellen für Menschenhändler. Die Anstellung der Frauen ist eine Werbetaktik der Café-Inhaber, um mehr Kunden in das Café zu locken. Aufgrund der hohen Konkurrenz unter den türkischen Lokalen möchten sie mit ihrem Angebot herausragen. Die eingestellten Frauen arbeiten ca. 15 Stunden für einen Tageslohn von 20 Euro.

Eine vergleichbare Situation schildert Regina Schulte am Beispiel des prostitutiven Charakters des Kellnerinnenberufs in bestimmten deutschen Städten des 19. Jahrhunderts. Sowohl in den sogenannten Animierkneipen als „auch in den ‚normalen' disponierte ihre Tätigkeit die Kellnerinnen dazu, ihr Geschlecht als Dienstleistung anzubieten und anbieten zu müssen". Der Zwang dazu beruhte im Wesentlichen darauf, dass trotz der physischen Ausbeutung durch viele Arbeitsstunden die Kellnerinnen nicht angemessen entlohnt wurden. Aus diesem Grund waren sie auf die Trinkgelder angewiesen: „Da die Existenz der Kellnerinnen, sowohl was die Anstellung im Interesse des Wirtes als auch was die Höhe der Trinkgelder in ihrem eigenen anbetraf, von ihrer Attraktivität abhing, musste sie sich ständig um das Wohlwollen des Gastes bemühen – in den Animierlokalen mit Methoden, die der Prostitution ähnlich waren." Je nach Seriosität der Lokale setzten die Kellnerinnen ihre Weiblichkeit subtiler oder offener ein. In den Animierlokalen, in denen die Grenze zum Bordell fließend war, wurde dies beispielsweise offenkundiger getan.

Auch das Männer-Café ist ein beliebtes Ziel von Menschenhändlern. Die Frauenhändler finden im Milieu adäquate räumliche Bedingungen vor, in denen sie die Prostitution organisieren können. Die Cafés sind Kontakträume, die *Kahvecis* potenzielle Kunden. Der Milieu-Effekt erschwert es den Prostituierten, einen Ausstieg aus dieser Szene zu finden. Besonders ausländische Frauen, die über organisierte Menschenhändler eingeschleust werden, sind betroffen, denn häufig war ihre Einreise mit hohen Schulden verbunden, die sie erst abbezahlen müssen. Am Ende sind es meist die Schlepper oder Zuhälter, die von der Ausbeutung der Frauen profitieren. Die mangelhaften Sprachkenntnisse der Frauen führen darüber hinaus dazu, dass die sozialen Kontakte sich nur auf das Milieu beschränken. Ihr Verbleib in der Szene wird verfestigt:

*„Da ist wieder diese Doppelmoral. Zu Hause spielen sie den braven, konservativen Vater. Anderen türkischen Frauen hier würde man nicht mal hinterhergucken. Bei den polonyali Bayanlar (polnischen Frauen, R. C.) ist es überhaupt kein Problem. Ich habe oft mit den Café-Inhabern gesprochen,*

*dass es ayip (schändlich, R. C.) und günah (sündhaft, R. C.)*
*ist. Wenn die einen Funken Gewissen oder Glauben im Her-*
*zen hätten, würden sie diese Frauen nicht ausbeuten. Das*
*interessiert sie aber nicht. Nur das Geld. Bei manchen habe*
*ich das Gefühl, dass sie anstatt La ilahe illallah (Es gibt*
*keine Gottheit außer dem einen Gott, R. C.) an La ilahe illa*
*Euro (Es gibt keine Gottheit außer dem Euro, R. C.) glau-*
*ben. Wenn ich sicher wäre, dass mich einige Bewohner, vor*
*allem deutsche Bewohner, unterstützen würden, würde ich*
*diese Leute anzeigen wollen."* (Imam Faruk K.)

Infolge der starken Milieubindung sind diese Lokale für
viele *kahvecis* zu Mobilitätsfallen geworden. Einen Großteil
ihrer Zeit verbringen sie in diesen Einrichtungen. Besonders
für arbeitslose Jugendliche verfestigt sich dadurch mit zu-
nehmender Dauer ihre soziale Isolation. Schuld- und Scham-
gefühle führen zu einer wachsenden Selbstisolation, die
Möglichkeit zur Reintegration geht vollständig verloren.
Umso notwendiger sind Kontakte ins Milieu, zu diesen jungen Menschen. Denn deren Rückzug aus der sozialen Sphäre
bedeutet immer auch eine latente Gefahr für die Demokratie; der Boden für kontraproduktive Tendenzen wird bereitet. Wie bei den Konflikten in den Pariser Vorständen wieder
deutlich wurde, reagiert die Politik nur bei gewalttätigen Ak-
tionen. Der Zugang zu dieser Risikogruppe in den Männer-
Cafés ist für eine professionelle Betreuung deshalb besonders
wichtig. Die strukturelle Isolation muss aufgebrochen, eine
Brücke „nach draußen" muss aufgebaut werden. Derzeit
versuchen engagierte Imame, den Kontakt in das Milieu herzustellen, um ihre verlorenen Schäfchen wiederzugewinnen.
Aber einen professionellen Streetworker können die Imame
trotz ihres beispielhaften Engagements nicht ersetzen:

*„Ich bin schon oft in diese Cafés reingegangen. Bis auf den Café-Inhaber haben die Leute immer Respekt vor mir. Viele schämen sich dann auch, wenn sie mich sehen. Ich kenne ja die Eltern vieler der Café-Gänger, deshalb ist es ihnen besonders peinlich. Bei vielen kenne ich die familiären Probleme sehr gut. Bei meinen ersten Besuchen habe ich versucht, an das Gewissen zu appellieren, aber das hat nichts gebracht. Im Gegenteil, irgendwann sind die Leute abgestumpft. Das war mein Fehler. Mittlerweile reicht es, wenn ich den Kontakt zu einem Jugendlichen aufrechterhalten kann. Weder die Politik noch die vielen Vereine sehen Handlungsbedarf. Das verstehe ich nicht. Das Problem ist doch hier überall bekannt."* (Abdullah H.)

## Imam-Hotline oder:
## Mit Koran und Grundgesetz gegen Extremismus

Die Moscheen in Deutschland haben sich zu multifunktionalen Einrichtungen entwickelt, wodurch selbstverständlich auch die Herausforderungen für die Imame gewachsen sind. Viele Imame in der Türkei sind es gewohnt, sich allein auf ihre klassischen Aufgaben zu beschränken. In Deutschland hingegen müssen sie genau wie die Moscheen eine multifunktionale Rolle übernehmen: Krankenhaus- und Gefängnisbesuche stehen ebenso an wie seelsorgerische Tätigkeiten: Trauungen, Vorträge, Jugendarbeit, Mediationen, Beratung usw. Die meisten Imame fühlen sich deshalb überfordert, auf ihre Tätigkeit in Deutschland sind sie nicht vorbereitet. Die intellektuell-offensiven Imame bilden die einzige Kategorie von Imamen, die sich durch ihre Anpassungsfähigkeit auszeichnen und diesen Herausforderungen – trotz der Widerstände der älteren Generation in den Gemeinden – gewachsen sind.

Imame werden vor allem deswegen konsultiert, weil sie Vertrauenspersonen sind. Das zeigt sich beispielsweise in der Mediation bei Ehe- und Scheidungskonflikten, wenn die Ehepartner den Imam als neutralen Helfer in seiner Vermittlerrolle akzeptieren. Die Ehepaare suchen den Imam auf, weil er denselben religiös-kulturellen Hintergrund hat wie sie und sie damit die Hoffnung verbinden, dass er sie besser versteht. Die Gründe für das Aufsuchen des Imams reichen von Ehekonflikten über häusliche Gewalt bis hin zu möglichen Trink- und Glücksspielproblemen des Ehemannes. Denn gesamtgesellschaftliche Entwicklungen wie etwa die wachsende Zahl von Ehescheidungen spiegeln sich auch in den muslimischen Gemeinden wider. So beklagt man hierzulande die Zunahme der Ehekonflikte und der Scheidungen vor allem bei jungen Paaren. Die heile türkische Familienwelt zerbröckelt zusehends.

Während andere außerfamiliäre Institutionen nicht aufgesucht werden, gehen die Paare auf die Vermittlungsbemühungen des Imams ein, auch auf die Gefahr hin, das eigene Intimleben preisgeben zu müssen. Tilman Metzger stellt für die USA und England fest, dass die ehrenamtliche Mediation bzw. Gemeinwesenmediation in den jeweiligen Ländern zu einer Verbreitung dieser Art von Streitkultur geführt hat. Aufgrund des hohen Vertrauens und der Autorität des Imams könnten die muslimischen Geistlichen als intermediäre Instanzen fungieren und die Hilfesuchenden an professionelle Stellen weitervermitteln. Hat sich erst einmal herumgesprochen, dass ein Imam besonders gut ist, dann versucht man über Telefon oder sogar über das Internet, die „Imam-Hotline" zu kontaktieren:

*„Ich bin grundsätzlich für alle Gemeindemitglieder da, auch nach 23 Uhr. Ich habe in meinem Beruf schon sehr viele Telefonate nachts geführt, die über eine Stunde dauerten. Auch Muslime, die hunderte Kilometer weit entfernt wohnen, rufen mich bei ihren Sorgen an. Das hat sich so herumgesprochen. Auch übers Internet erreichen mich mittlerweile Hilfesuchende per Mail. Und wenn da Themen oder Probleme sind, auf die ich in dem Moment keine Antwort finde, dann recherchiere ich erst einmal, bis ich eine Antwort gefunden habe. Also, ich bin nicht nur Vorbeter, sondern zuständig für alle Themen rund um Religion und das Leben der Muslime in Deutschland."* (Imam Can S.)

Geschichte und Gegenwart zeigen leider nur zu gut, dass Geistliche und Priester in allen Religionen immer wieder das Vertrauen des Gläubigen im Namen Gottes missbraucht haben. Im Rahmen ihres geistlichen Amtes wird kontrolliert, manipuliert und beherrscht. Hilfesuchende geraten zu Opfern, oft ohne es zu merken. Häufig sind es gläubige Menschen, die aufgrund ihrer Verzweiflung die Geistlichen aufsuchen. Diese spirituelle Ausbeutung findet, wie wir noch sehen werden, auch in Deutschland statt. Intellektuell-offensive Imame nutzen ihre persönliche Autorität und geistliche Stellung und leisten hier wichtige Aufklärungsarbeit:

*„Es kommen oft Gemeindemitglieder zu mir, die von mir verlangen, sie zu heilen oder irgendeine Zauberformel auf ein Blatt zu schreiben als Schutzmaßnahme, damit sie es als Amulette tragen können, und sie bieten auch Geld an. Mit so einem Aberglauben habe ich nichts zu tun, sage ich*

*ihnen. Diese Betrüger von Imamen, die so etwas gegen Entgelt tun, profitieren von der psychischen Schwäche der Gemeindemitglieder. Zu mir ist mal ein Mann gekommen, der aufgrund seiner Krankheit zahlreiche Hodschas und Cincis (Geisterbeschwörer, R.C.) konsultiert und dabei tausende Euros verjubelt hat. Das hatte ihm aber alles nichts genützt. Ich war sozusagen seine letzte Hoffnung. Ich sagte zu ihm, dass er sich zunächst von dem Hokuspokus fernhalten, nicht daran glauben und einen Psychologen befragen soll."* (Imam Faruk K.)

Die meisten Moscheegemeinden haben ihren Standort in Stadtteilen mit hoher Problemdichte, wobei Bildungsprobleme, Arbeitslosigkeit und Kriminalität unter den Jugendlichen besonders häufig anzutreffen sind. Mit ihrem Engagement und der Vermittlung von Spiritualität versuchen die intellektuell-offensiven Imame, die Jugendkriminalität einzudämmen. Auch aus Sicht der christlichen Theologie wird Spiritualität als Möglichkeit zur Überwindung von Suchtkrankheiten verstanden. Hierbei wird die Kraft der Gemeinschaft mit Gott akzentuiert, die einen positiven Effekt auf die betroffenen Personen ausüben soll. Bedeutsam sind dabei die liebevolle Zuwendung zu den Betroffenen und die Vermittlung von Spiritualität mit dem Ziel, ein stabiles Selbstwertgefühl zu erreichen.

Ein zentraler Bereich, dem die intellektuell-offensiven Imame große Aufmerksamkeit schenken, liegt in ihren Bemühungen, die Jugendlichen vor dem Sumpf des Extremismus zu schützen. Durch die Vermittlung ethischer Werte und durch die Einbindung in die Gemeinde soll eine sozial positive Kontrolle ausgeübt und dadurch deviantes Verhalten frühzeitig erkannt und verhindert werden. Denn gerade

Jugendliche ohne Perspektive sind anfällig für „islamistische Rattenfänger".

In einem Gespräch, das ich mit Avni Altiner führte, dem Vorsitzenden des Landesverbandes der Muslime in Niedersachen (*Schura e. V.*), sprach Altiner dieses Problem an: „In Braunschweig und in Hannover versuchen die Extremisten einen immer größeren Einfluss auf die muslimischen Jugendlichen auszuüben. Viele Gemeinden haben dies vorher nicht erkannt. Einmal haben sie in zwei Moscheegemeinden angefragt, ob sie eine Konferenz mit den Jugendlichen zum Thema Jugendprobleme organisieren könnten. Da die Gemeinden die Gruppe nicht kannten und das Thema in Ordnung war, hat man zugesagt. Die Extremisten haben dann die Veranstaltung dazu genutzt, um eine Beziehung zu den Jugendlichen aufzubauen. Beide Moscheegemeinden haben einen Teil ihrer jungen Mitglieder abwerben lassen. Das ist aber noch nicht alles. Jetzt beginnen die Jugendlichen ihre Eltern und die Gemeinden als *Kafir* (Ungläubige) zu beschimpfen, weil wir angeblich den Islam nicht richtig leben. Muslime, die nicht beten, oder Frauen ohne Kopftücher werden einfach als *Kafir* beschimpft. Das ist eine große Gefahr, dadurch verlieren wir unsere Jugendlichen an diese Gruppierungen. In der Hinsicht brauchen wir professionelle Hilfe."

Dieses Statement des Vorsitzenden ist im Grunde genommen ein Hilfeschrei, und es zeigt die Notwendigkeit der Kooperation mit staatlichen Behörden. Gemeinden können eine solche Aufgabe offensichtlich nicht alleine meistern, dafür benötigt man auch kompetente Imame, die nicht nur dieses Problem erkennen, sondern auch adäquat intervenieren können:

„*Wenn in meiner Gemeinde jemand mit radikalem Gedankengut auffallen sollte, der versucht, junge Gemeindemitglieder zu rekrutieren, würde ich es nicht nur bei einem Hausverbot belassen, sondern ich würde ihn auch bei der Polizei anzeigen. So sollte es auch sein. In Kanada arbeitet die Polizei mit den Vorständen zusammen. Da gibt es eine enge Kooperation, in Deutschland aber nicht. Hier versuche ich das alleine anzupacken und Jugendliche von der Straße in die Gemeinde zu holen und sie vor extremistischen Gruppen zu warnen.*" (Imam Ahmet U.)

Extremistische Gruppen zeichnen gerne ein Schwarz-Weiß-Bild und fördern so Polarisierungen. Dieses Freund-Feind-Schema wirkt auf viele entlastend, denn Feindbilder haben Sündenbockfunktion. Zugleich sollen sie den Gruppenzusammenhalt stärken und das Block-Denken fördern. Es ist diese Attraktivität der Vereinfachung, gepaart mit weiteren Identifikationsangeboten, die junge Menschen ansprechen soll. Die Message an die Jugendlichen lautet: Du bist wichtig, du bist auserwählt, für höhere Sachen bestimmt.

Extremistische Gruppen bieten Anerkennung, Selbstvertrauen, das Gefühl von Macht und Stärke, neue Erfahrungsräume, Solidarität durch gemeinsame Überzeugungen, klare Leitlinien und klare Feindbilder. Zugleich grenzt man sich von der „ungläubigen" Gesellschaft aus. Intellektuell-offensive Imame drehen den Spieß gerne um und fordern junge Muslime auf, sich gerade mit dieser Gesellschaft zu identifizieren. Sie verweisen dabei auf viele Parallelen und Analogien zwischen Grundgesetz und islamischer Lehre. Dabei berufen sie sich auf den Gottesbezug in der Präambel des Grundgesetzes, in der die Verantwortung vor Gott als höhere Norm eine wichtige Grundlage für die Identifikation der Muslime mit dem Rechtsstaat darzustellen vermag.

*„Ich habe die deutsche Staatsbürgerschaft angenommen, weil ich mich als Deutscher fühle und weil ich an den Wahlen teilnehmen möchte. Wahlen sind ein wichtiger Bestandteil der Demokratie, und ich rate jedem in der Gemeinde, an den Wahlen teilzunehmen. Damit erfüllt man seine Bürgerpflicht in der Demokratie. In vielen sogenannten islamischen Ländern haben die Muslime nicht die Freiheit zu wählen. In Deutschland geht es den Muslimen, trotz einiger Probleme, viel besser als in vielen muslimischen Ländern wie etwa Saudi-Arabien. Ich habe das deutsche Grundgesetz schon damals gelesen und viele Stellen markiert, die ich heute noch den jungen Muslimen zitiere."* (Imam Faruk K.)

# 6. Neo-salafitische Imame:
# Von Revolutionären und Dschihadisten

Der Typus der neo-salafitischen Imame (eine in Prozent schwer einschätzbare Minderheit) ließ sich in keinem der untersuchten Moscheevereine der türkisch-islamischen Dachverbände ermitteln. Diese Imame bilden eigene Gruppen, die mit den Moscheen längst gebrochen haben. Sie treten als Gegenkultur zum Mainstream-Islam auf. Und sie haben sich mit ihren eigenen Kulturvereinen sichere und unverletzbare Enklaven geschaffen. In diesen Nischen genießen sie die eigene spirituelle Gewissheit, die sich gegen den weltanschaulich-religiösen Pluralismus draußen vor der Tür wendet.

Wie weiter oben schon erwähnt, ist im Prozess des Braindrain eine Abspaltung vor allem junger Mitglieder aus den Gemeinden festzustellen. Dabei handelt es sich um gut ausgebildete, aufgeschlossene junge Muslime, die eine positive Beziehung zur hiesigen Gesellschaft zeigen. Dem steht ein anderer Prozess gegenüber: die Abspaltung von radikalen Kräften, die mit den türkisch-islamischen Gemeinden unzufrieden sind, weil sie sie für zu liberal erachten. Ein Beispiel hierfür ist die Massenabspaltung von Milli Görüş in den 1980er Jahren – angeführt übrigens von Cemaleddin Kaplan, dem späteren „Kalifen von Köln" –, die zur Gründung einer eigenen Gemeinde führte. Immer wieder gibt es auch junge Gemeindemitglieder, die sich radikalisieren, die nicht mehr geduldet werden und sich dann von ihren Gemeinden trennen. Aufgrund ihrer Selbstausgrenzung und Isolation verschärft sich im Lauf ihrer „spirituellen" Entwicklung in der Regel die eigene Radikalisierung.

Dies ist insofern interessant, als es ein Beispiel dafür gibt, zu welchen Konsequenzen eine Abspaltung von den größeren Dachverbänden führen kann. Eine solche Abspaltung kann sowohl eine Chance für den Aufbau von parallelen, unabhängigen und progressiven Strukturen sein als auch ein nicht unerhebliches Risiko darstellen, nämlich dann, wenn junge Menschen u. a. aufgrund von Schicksalsschlägen eine Radikalisierung erfahren und sich als Autorität in kleineren Kreisen zu etablieren versuchen.

Merkmale wie ein fehlendes Theologiestudium (Autodidaktentum), die Politisierung und Profanisierung der Religion, eine nostalgisch geprägte Sehnsucht nach dem Goldenen Zeitalter und der *Dschihad* als kriegerische Option – auch als Angriffskrieg – zur Durchsetzung der eigenen Ideologie kennzeichnen diesen Typus. Für ihn gilt Deutschland als *Dar ul-Harb* (Haus des Krieges), weswegen moralische und rechtliche Schranken zumindest in der Theorie aufgehoben sind. Dieser Typus ist revolutionär und reaktionär zugleich.

Der Begriff „Neo-Salafiten" geht auf die islamische Bewegung der *Salafiyya* (arabisch: Vorfahren) zurück, deren Streben es ist, zu den „wahren" Wurzeln des Islam zurückzukehren. Nur der Koran und die Aussprüche des Propheten gelten ihnen als relevant, viele Errungenschaften der 1400-jährigen islamischen Kultur und Tradition werden verworfen, weil sie als *bidah* gelten, als unzulässige Erneuerung in der Religion. Die Formel ist so banal wie einprägsam: Wenn man die 1400-jährige Geschichte des Islam bereinigt, kann man alle Probleme der muslimischen Welt lösen. Dass mit einer differenzierteren sozialen Schichtung einer Gesellschaft auch eine höhere Ausdifferenzierung der Religion einhergeht, wird schlicht ignoriert. Während sie einerseits die „Bereinigung" der Religion von allem „Unislamischen" fordern, folgen die Neo-Salafiten andererseits modernen politischen Ideologien, ohne sich dessen bewusst zu sein.

„Neo" werden die Imame von mir deshalb genannt, weil diese Bewegung in den letzten Jahren – vor allem nach dem 11. September 2001 – eine Revitalisierung erfahren hat. Der 38-jährige Senol B. (geschieden, keine Kinder) ist einer von ihnen. Er stammt aus einer säkularen Familie und weist keine religiöse Sozialisation in seiner Kindheit und Jugend auf:

*„Ich komme aus einer säkularen Familie. Meine Mutter war beispielsweise gegen das Kopftuch. Religion hatte bei uns zu Hause nichts zu suchen, im Gegenteil: Schweinefleisch und so waren kein Problem bei uns. Meine Mutter versuchte sogar, vielen Frauen das Kopftuchtragen in der Verwandtschaft auszureden."* (Imam Senol B.)

Nach dem Abitur begann er mit einem Maschinenbaustudium, brach es aber im Zuge seiner „Konversion" zum Islam ab. Er wollte sich zum einen nur noch der Religion widmen, zum anderen hätte ihn das „unislamische" Umfeld im Berufsleben gestört. Das Interesse am Islam wurde in ihm nach seiner Heirat durch seinen Schwager geweckt. Seitdem war er in mehreren islamischen Organisationen aktiv, die er allerdings wieder verließ, weil sie ihm als zu liberal erschienen. Von seiner Frau trennte er sich schließlich ebenfalls. Sie war ihm nicht mehr „islamisch" genug.

## Vom Saulus zum Paulus oder:
## Salafiten als Autodidakten

Es gibt viele typische Beispiele für Menschen, die einen radikalen Bruch mit ihrer Religion oder politischen Orientierung vollziehen und ins entgegengesetzte Lager wechseln. Ein prominentes Beispiel aus der jüngeren bundesdeutschen Vergangenheit bietet Horst Mahler, zunächst Strafverteidiger und Mitglied der linksextremistischen Roten Armee Fraktion (RAF). Im Laufe seines Lebens vollzog er eine 180-Grad-Wende und wechselte ins Lager der Rechtsextremisten und Antisemiten; von einem Extrem ins andere. Charakteristisch hierfür sind auch Bernhard Falk und Michael Steinau, ehemals Mitglieder der linksradikalen Gruppe Antiimperialistische Zelle (AIZ). Diese Terrorzelle verübte zwischen 1992 und 1995 mehrere Anschläge. Nach ihrer Verhaftung 1996 konvertierten die beiden im Gefängnis zum Islam. Ihre Militanz und ihren Extremismus behielten sie jedoch bei und definierten den Islam als politisches Instrument um: „Wir haben den Islam als revolutionäre Waffe in voller Schärfe und Schönheit kennenlernen dürfen."

Konversionen haben etwas Ambivalentes an sich. Einerseits befinden sich die Konvertiten im Vorteil, weil sie die Religion frei von überkommenen Bräuchen und Sitten erlernen können. Sie reflektieren und studieren die Religion tiefgründiger. Nationale Komponenten oder Traditionen und Bräuche spielen für sie keine Rolle. Ganz anders stellt sich dies dagegen für diejenigen dar, die in der Religion geboren und aufgewachsen sind. Für viele Türken gehört beispielsweise das Muslim-Sein unmittelbar zum Türkentum dazu. Folglich berichten deutsche Konvertiten, dass sie in türkischen Moscheen von türkischen Kindern gefragt werden: „Bist du jetzt auch ein Türke geworden?"

Andererseits haben die Konvertiten mit einer nicht zu unterschätzenden Benachteiligung zu kämpfen. Sie sind gezwungen, ihre religiöse Sozialisation in einem kurzen Zeitraum nachzuholen – sofern das überhaupt geht. Denn Konversion bedeutet immer auch eine Entwurzelung und schrittweise Verpflanzung in eine neue Gedanken- und Gefühlswelt. Zudem glauben sich die Konvertiten in der Pflicht, ihren neuen Glaubensbrüdern zu demonstrieren, dass sie dazugehören. Daher ist bei Konvertiten die Gefahr der Überanpassung groß, was vor allem bei denjenigen zu beobachten ist, die sich schließlich für eine extreme Variante der Religion entscheiden.

Ihre labile, für extreme Richtungen offene Orientierung entwickeln die gefährdeten Konvertiten allerdings lange vor ihrem Übertritt zu radikalen Weltanschauungen. Dahinter steckt ein emotional aufgeladenes Ursachenbündel aus individualbiografischen, psychologischen, sozialen und politischen Aspekten. Die Biografie des kurdischstämmigen Imams Taner H. ist typisch für solch einen extremen Verlauf einer Konversion. Von einem linksextremen PKK-Aktivisten hat er sich zu einem muslimischen Extremisten entwickelt.

Taner H. wurde von seinem Vater in den 1980er Jahren nach Deutschland geholt. Das Motiv des Vaters war u. a., seinen Sohn aus den politischen Konflikten in der Türkei herauszuhalten. Denn bereits in jenen Jahren, nach dem dritten Militärputsch in der Türkei, erstarkte die kurdisch-militante Bewegung der PKK, die für ein freies Kurdistan kämpfte. Vor allem unter den kurdischen Jugendlichen fand

146

diese separatistische Organisation große Resonanz. Taner H. begeisterte sich für die Ideen der PKK und engagierte sich mit Leib und Seele. Für die Gründung eines freien, sozialistischen Kurdistan war er wie viele seiner gefallenen Kameraden sogar bereit, mit dem Leben zu bezahlen.

Das Kalkül des Vaters ging allerdings nicht auf, denn auch in Deutschland gibt es die PKK. Und so war es für Taner H. kein Problem, sein Engagement weiterzuverfolgen. Trotz ihres Verbotes verfügt die Organisation bis heute über ein gut organisiertes Netzwerk mit zahlreichen lokalen Vereinen. In diesen Vereinsräumen fand Taner H. die nötige emotionale Unterstützung, er traf auf Hilfe und erhielt die Möglichkeit zur Partizipation. Und dennoch scheint seine „innere Lücke", wie er es bezeichnet, nicht wirklich gefüllt worden zu sein. Taner H. geriet in eine Sinnkrise und setzte sich mit religiös-philosophischen Fragestellungen auseinander. Doch auch diese Suche nach der eigenen Identität basierte wieder nur auf der Abgrenzung zu einem „Anderen". In der Zeit bei der PKK stand das ethnische Kriterium im Vordergrund (Kurden gegen Türken), nach seiner Konvertierung sollte es das religiöse Kriterium sein (Muslime gegen Nichtmuslime):

*„Also, ich bin kurdischstämmig, bin im Südosten der Türkei geboren und aufgewachsen. Dort habe ich mich wegen der staatlichen Politik gegen die Kurden den Reihen der PKK angeschlossen. Als ich nach Deutschland kam, war ich in der ersten Phase unwissend; ich kannte die Gesellschaft nicht, die Sprache nicht usw. Ich war weiterhin in der PKK aktiv, ich war überzeugter Sozialist. Irgendwann hatte ich dann eine Phase, wo ich sehr einsam und allein war; ich habe mich zurückgezogen, war innerlich unruhig, habe oft*

*geweint und wusste auch nicht, warum ich in dieser Situation war. Und zu der Zeit hatte ich in der ‚Hürriyet' (eine nach eigener Darstellung linkskonservative, nationalistisch orientierte Boulevardzeitung, R. C.) – damals hatte ich also nur die ‚Hürriyet' gelesen –, dort hatte ich dann in einer Werbung für einen türkischen Buchversand türkische Koranübersetzungen gesehen und mit zwei anderen muslimischen Romanen bestellt. Dann begann ich den Koran zu lesen. Zu Beginn habe ich natürlich nichts verstanden, doch mit der Zeit, nach intensiver Auseinandersetzung, hat sich der Koran für mich immer mehr geöffnet. Und bis zu diesem Zeitpunkt hatte ich viel Haschisch und Kokain konsumiert, war oft in Diskotheken, hatte also ein sehr intensives Nachtleben geführt, ein sehr schlechtes Leben. Mit dem Lesen begann auch mein Interesse am Islam, und ich habe dann zwei Kaplancis (radikal-islamische Gruppierungen, R. C.) kennengelernt, die ich oft besucht habe. Durch sie habe ich die Rechtleitung bekommen. Bis 1994 war ich links und auch kurdisch-nationalistisch, danach habe ich aber – Gott sei Dank – den wahren Weg gefunden."* (Imam Taner H.)

Im Interview sagt er, dass er sich in dieser Phase vollkommen zurückzog und sich nur dem Lesen widmete. In den heißen Sommertagen habe er sich während des Tages nicht draußen aufgehalten, weil die Frauen sehr freizügig bekleidet waren, seine volle Konzentration sollte aber Gott allein gewidmet sein. Die Fleischeslust wäre dabei nur ein Störfaktor gewesen. Aus einer linksextremen mutierte eine religiös-extreme Person. Den Islam lernte er nicht in Institutionen, sein Wissen eignete er sich vielmehr durch Selbststudium an. Insbesondere die Treffen mit den *Kaplancis* führten dazu, dass er in dieser Phase sehr selektiv in seiner Literaturauswahl vorging. Nicht islamisch-theologische Bücher, sondern politisch-islamische Werke hatte er in dieser Zeit verschlungen. Die Vorselektion der gelesenen Bücher durch die *Kaplancis* machte ihm von Beginn an nicht möglich, sich bis heute ein umfassenderes Bild des Islam anzueignen.

Seine Lektüre war stark politisch orientiert. Hinzu kam noch, dass in den 1990er Jahren verschiedene Kriege ausgefochten wurden, darunter der Tschetschenienkrieg, der Krieg in Bosnien sowie der Bürgerkrieg in Algerien. Zeitweise spielte Taner H. auch mit dem Gedanken, in diese Länder zu reisen und dort zu kämpfen. Der politische Islam erlebte gerade eine Hochkonjunktur, und Taner H. begeisterte sich immer mehr für die Ideen einer Religion, die, wie er sagt, genau wie die PKK die Waffe als Werkzeug des Freiheitskampfs für die Unterdrückten einsetzen konnte. Wie auch die Kurden, waren die Palästinenser, Bosnier und Tschetschenen ein unterdrücktes Volk. Die Denkstrukturen waren dieselben: Es gab Unterdrückte und Unterdrücker, die man bekämpfen musste. Die Welt war für ihn wieder schwarz-weiß. Sein neuer Lebensstil wurde in der Familie nicht gutgeheißen. Doch nicht nur die Familie war gegen seinen Lebenswandel:

*„Ich habe nach meiner Konvertierung die PKK verlassen und habe mir gesagt: Entweder bleibst du ein Kommunist und kurdischer Nationalist, oder du wirst ein Muslim. Ich habe mich für den Islam entschieden. Nach meiner Konversion habe ich von der PKK mehrere Drohungen erhalten, wie ‚Wir werden dich umbringen, abschlachten' usw. Die konnten mich aber nicht einschüchtern, und sie haben mich*

*mehrfach aufgesucht, aber ich hatte keine Angst, weil ich jetzt eine andere Organisation hinter mir hatte. Sie haben mich mehrfach mit Mord bedroht, und ich habe denen nur gesagt: ‚Ihr könnt mich umbringen, aber nach meinem Glauben bin ich dann ein Schaheed (Märtyrer, R. C.).' Das war aber nicht alles, mein Kampf ging noch weiter, weil mein ganzes Umfeld, auch meine Verwandten und Familienmitglieder, PKK-Sympathisanten und -Aktivisten waren. Ich musste mich mit ihnen auch auseinandersetzen, habe mich aber durchgesetzt und mich von ihnen – Gott sei Dank – mit der Zeit getrennt.“* (Imam Taner H.)

Da er selbst den Islam nicht als traditionelles Erbe von seinen Eltern erhalten habe, sondern infolge eigener Anstrengung und durch „Gottes Rechtleitung", differenziert er zwischen dem *geleneksel Islam*, also dem traditionellen Islam, und dem *gerçek Islam*, dem wahren Islam. Ein Kind, das in einer muslimisch-traditionellen Familie aufwachse, werde seiner Meinung nach ein Leben lang den Islam nur imitieren. Der traditionelle Islam enthalte zwar einige Merkmale des „wahren" Islam, allerdings sei er in seiner Gesamtheit zu verwerfen. So sei im Laufe der islamischen Geschichte die ursprüngliche Bedeutung wichtiger Termini wie *Rabb* (wörtlich Herr für Gott) oder *Din* (wörtlich Religion bzw. Lebensform) manipuliert worden. Dieser manipulierte Islam werde heute in den türkischen Moscheevereinen gelehrt. Mit den türkisch-islamischen Organisationen steht der Imam Taner H. im Clinch, auch aufgrund eigener negativer Erfahrungen:

*„Die Diyanet wurde vom türkischen Staat nur deshalb gegründet, um die Entwicklung der muslimischen Gemeinden zu unterbinden. Früher habe ich auch in Diyanet-Mo-*

*scheen gebetet, aber das ist jetzt Vergangenheit. Wenn man z. B. dort anders betet, also die Hände beim Gebet etwas anders faltet – und ich versuche ja nach dem Vorbild des Propheten zu beten –, dann wird man schon kritisiert. Die Imame haben mir auch dazu geraten, mich der Gemeinde anzupassen. Ich habe auch hier im Umfeld viel üble Nachrede erhalten wie z. B. ‚Ja, das sind Wahhabiten, Schiiten, sie folgen keiner Rechtsschule, folgen nicht der Sunna‘ usw. Ich habe sie oft davon überzeugen wollen, aber es ist so weit gekommen, dass ich ihre Moscheen nicht mehr aufsuche. Das Freitagsgebet verrichten wir hier in \*\*\*, indem ein paar Freunde, die so denken wie ich, zusammenkommen.“* (Imam Taner H.)

Taner H.s Biografie weist mehrere Brüche auf, der größte darunter war zweifelsohne seine Konversion zum Islam. Im Gespräch mit ihm wird jedoch deutlich, dass er auch innerhalb des Islam „konvertierte“, indem er von Rechtsschule zu Rechtsschule wechselte. Gehörte er zunächst der schafiitischen Rechtsschule an, wandte er sich später den Hanbaliten zu. Danach wählte er für sich den Salafismus, eine Bewegung, die ihren Ursprung im Frühislam hat. Das komplexe Gedanken- und Lehrgebäude der islamischen Theologie und des Rechtssystem mit seinen zahlreichen Verästelungen hält er für unübersichtlich und nicht mehr durchschaubar. Wieder war es sein Wunsch nach Einfachheit und klarer Orientierung, der den Ausschlag gab – und den der Salafismus gut bediente. Denn die einfachen, wahren Lehren im Frühislam seien durch die jahrhundertelangen theologischen Schriften verschüttet worden.

## Kharidschiten: Geistige Vordenker der Extremisten oder Neo-Salafiten, die neuen Extremisten

Nach dem 11. September 2001 kam es zu einer ganzen Serie von Anschlägen. Neben den beiden europäischen Metropolen London und Madrid waren es vor allem islamische Länder, die den Terror zu spüren bekommen haben. In Marokko, in der Türkei, in Bali oder in Saudi-Arabien – von den nahezu täglichen Anschlägen im Irak einmal abgesehen – wurden mehrere Attentate seitens al-Qaida verübt. Es ergibt sich ein merkwürdiges Bild: Die islamischen Länder leiden unter dem islamistischen Terror deutlich stärker als Europa oder die USA. Das eigentliche Ziel der muslimischen Anschläge sind Muslime, und nicht in erster Linie Christen. Aber wie ist das zu erklären?

Für die Extremisten zählt ein Großteil der Muslime gar nicht zum Islam, weil sie nach ihrer Meinung nicht die richtige Ideologie vertreten. Denn die Muslime waren für Extremisten immer gefährlicher als die Angehörigen anderer Religionen. Weil sie abweichende Glaubensauffassungen vertreten, werden sie als eine Krankheit im „Körper des Islam" verstanden. Und dieser „Virus" höhle die Religion von innen her aus. Solch radikale Ansichten sind nicht etwa nur eine Erscheinung der Moderne, sondern sie sind in der Geschichte vieler Religionen in den verschiedensten Epochen festzustellen. Im Falle des Islam sind die geistigen Wurzeln dieser gefährlichen und destruktiven Denkart bereits in den Anfängen zu finden, und zwar in der radikalen Gruppe der *Kharidschiten.*

Die Entstehung dieser Gruppierung geht auf die Auseinandersetzung zwischen dem Kalifen Ali Ibn Abu Talib (598–

661) und Muawiya bin Abu Sufyan (603–680), dem Statthalter von Syrien, zurück. Muawiya bestritt den Anspruch Alis auf das Kalifat, und es kam zur kriegerischen Auseinandersetzung. Als Muawiya schon seiner Niederlage entgegensah, bot man Ali an, den Konflikt vor einem Schiedsmann zu klären. Ali willigte nur ein, weil eine Gruppe seiner Leute ihn dazu drängte, dieses Angebot nicht auszuschlagen. Eine andere Gruppe – die *Kharidschiten* – hingegen rief den Slogan *La hukma illa lillah!* (Sinngemäß: Keine Gesetze bzw. Urteile außer Gottes!) und ging in Opposition zu Ali. Der Slogan drückte aus, dass es Gottes Wille war, die Armee Muawiyas zu besiegen. Niemals hätte die Schiedsmann-Funktion von einem Menschen übernommen werden dürfen. Man müsse den Koran konsultieren, um zu entscheiden. Ali hätte sein Kalifat und die Wahrheit nicht zur Disposition stellen dürfen. Nach Meinung der Extremisten hatte er damit den Geist des Korans verraten.

Wie es für Extremisten typisch ist, wurde eine politische Entscheidung mit einer religiösen Handlung gleichgesetzt; politische Fragen gerieten zur Grundlage einer neuen religiös-politischen Bewegung. Vor diesem Hintergrund bezichtigte man Ali des Unglaubens, weil er für seine Sünde nicht um Vergebung bei Gott bat. In der Folge radikalisierten sich die *Kharidschiten* (arabisch: diejenigen, die hinausgehen) zunehmend und folgten dem Weg in die Isolation. Sie gingen sogar so weit, nicht mehr an den Gottesdiensten teilzunehmen.

Die Grenze zwischen verbaler Radikalität und Gewaltanwendung aus einer religiös-ideologischen Überzeugung ist sehr schmal. So dauerte es nicht lange, bis die *Kharidschiten* die „Rache Gottes" selbst in die Hand nahmen und

Blut vergossen. Im Jahre 661 wurde Ali ermordet. Damit hatte in der islamischen Geschichte die Geburtsstunde einer negativen Opposition geschlagen, repräsentiert durch die extremistischen *Kharidschiten*. Es war der Beginn der Karriere militant-puritanischer Gruppen im Islam, die bis heute stellvertretend für Gott – quasi als sein Instrument – Vergeltung an „Abweichlern" ausüben. Diese negative Opposition zieht sich wie ein roter Faden durch die gesamte islamische Geschichte. Mit der Zeit entstanden bis heute viele extremistische Gruppierungen, die zwar quantitativ immer ein Randphänomen darstellten, der muslimischen Gemeinde jedoch immer Kopfschmerzen bereiteten. Dies ist chronisch und hält bis in die Gegenwart an.

In allen Religionen existieren Fundamentalismus und Extremismus. Ihnen allen ist ein tiefes Misstrauen gegenüber der modernen säkularen Kultur gemeinsam. Extremistische und fundamentalistische Gruppierungen entstanden vornehmlich in Zeiten politischer Unruhen und historischer Umbruchsituationen, wobei an der Spitze dieser Bewegungen immer religiöse Führer standen. Dazu Karen Armstrong: „Oft sind Priester, Rabbiner, Imame und Schamanen vom gleichen weltlichen Ehrgeiz verzehrt wie gewöhnliche Politiker. Mit dem Unterschied, dass dies allgemein als Missbrauch eines heiligen Ideals empfunden wird. Derartige Machtkämpfe gehören nicht zum Wesen der Religion, sie lenken vielmehr auf unwürdige Weise von einem geistigen Leben ab, das sich weitab von der großen Menge, unbemerkt, still und unauffällig abspielt."

Im Judentum und im Christentum ist dieses Phänomen sehr gut ab dem 15. Jahrhundert im Gefolge wissenschaftlicher, sozialer und kultureller Umbrüche feststellbar. Fundamentalistische Gruppierungen sind als Reaktion auf eine von ihnen als krisenhaft empfundenen Situation entstanden. Sie fühlen sich durch die säkularistische „Übermacht" in ihrer Existenz bedroht und versuchen daher, die „Fundamente" der Religion sowie ihre religiöse Identität mit allen Mitteln zu schützen. Diese Auseinandersetzung mit dem säkularen Feind wird als Kampf zwischen Gut und Böse interpretiert.

Alle religiösen Fundamentalisten sind dadurch charakterisiert, dass sie kompromisslos auf den ursprünglichen Grundlagen ihrer Religion bestehen. Sie dulden keine Diskussion und Interpretation darüber. Die heiligen Quellen werden wortwörtlich, ohne hermeneutische Analysen ausgelegt. Metaphorische Aussagen werden abgelehnt. Die Verse bzw. die Lehre seien klar und dürften nicht durch allegorische oder symbolische Exegese verzerrt werden. Ihre Weltbilder sind dogmatisch, und sie sind gegen Kritik immunisiert. Der Gläubige ist kein autonomes Subjekt. Spielraum für eine kritische Reflexion gibt es daher kaum. Zudem zeichnen sie sich durch ein aggressives Missionieren aus. All diese genannten Merkmale sind bei den interviewten neo-salafitischen Imamen vorzufinden.

Da diese Imame von einem statischen Religionsverständnis ausgehen, muss nach ihrer Überzeugung die muslimische Gemeinde aus der Zeit des Frühislam als Vorbild genommen und in all ihren Details imitiert werden. Für die Imame dieser Kategorie spielt daher auch das äußere Erscheinungsbild eine wichtige Rolle. Wenn der Prophet die arabische Tracht getragen hat, dann müssen gute Muslime seinem Vorbild folgen. Denn alle Handlungen des Gesandten seien nicht etwa zufällig, sondern aus guten Gründen erfolgt, die es sich indes zu hinterfragen verbiete. Als Vorbild gilt z.B. auch die Barttracht, die ebenfalls eine religiöse Pflicht für den muslimischen Mann darstelle. Wiederum geht es darum, sich von den Nichtmuslimen zu unterscheiden und abzugrenzen. Und dafür hat man auch eine Überlieferung parat:

*„Alle Propheten trugen einen Vollbart, die Gefährten des Propheten hatten ebenfalls einen Bart. In den außerkoranischen Quellen wird folgende Überlieferung berichtet: Ein glattrasierter byzantinischer Botschafter kam zu dem Propheten Muhammad. Der Prophet wies auf die Rasur des Botschafters hin und fragte ihn: ‚Wer hat deinen Bart rasiert?‘ bzw. ‚Wer hat dich in diesen Zustand gebracht?‘ Der Byzantiner antwortete: ‚Das hat mir mein Herr befohlen.‘ Daraufhin fasste der Prophet seinen Bart und sagte: ‚Und mein Herr hat mir das hier befohlen.‘ Aus dieser Überlieferung wird deutlich, dass das Tragen eines Bartes für den muslimischen Mann Pflicht ist. Ich weiß, dass es in Europa sehr schwierig ist, einen Bart zu tragen. Deshalb tragen viele Muslime, gottesfürchtige, keinen Bart."* (Imam Taner H.)

Die Sichtbarkeit der religiösen Identität wird vor allem an der Frau festgemacht. Dabei berufen sich die Imame dieser Kategorie wiederum auf die Verse des Korans, wo den Frauen des Propheten empfohlen wird, nur hinter einem Schleier mit den Männern zu sprechen: „Und wenn ihr sie (d.h. die Frauen) um etwas zu bitten habt, so bittet sie hinter einem Vorhang" (Sure 33,53). Historisch wird dieser Vers dahingehend interpretiert, dass das Haus des Propheten sowohl in Privaträume wie auch in Räume unterteilt war, die für den öffentlichen Dienst bestimmt waren. Die Angelegenheiten der Gemeinde wurden also in Muhammads Haus geregelt, das in die Moschee integriert war. Tagaus, tagein gingen zahlreiche Muslime mit ihren Anliegen in das Haus des Propheten. Um die Privatsphäre zu schützen, wurde – wie bei Botschaftsresidenzen üblich – zwischen offiziellen und privaten Gemächern getrennt. Die neo-salafitischen Imame gehen aber von einem wortwörtlichen Verständnis aus. Nicht etwa die Räume sollten mit einem Schleier getrennt werden, sondern die Komplettverschleierung der Frau sei darunter zu verstehen. Damit vertreten die Neo-Salafiten konventionelle, agrarische Geschlechterrollen. Taner H. begründet die Pflicht für die Frau folgendermaßen:

*„Die Gelehrten sind der Meinung, dass der Gesichtsschleier Farz (religiöse Pflicht, R. C.) ist, andere dagegen sehen es nur als eine Empfehlung. Ich denke, wenn es in einer Gesellschaft Fitna (Zwietracht, Aufruhr, R. C.) gibt, dann sollte man es tragen. Wenn eine Frau an einem Mann vorbeiläuft, dann dreht sich der Mann hundertprozentig nach der Frau um und schaut ihr hinterher, bis sie aus dem Blickfeld ist. Man sollte die Gesichtsschleier tragen, vor allem die muslimischen Frauen sollten es tragen, weil sie im Blickpunkt der Gesellschaft, im öffentlichen Interesse stehen, weil alle Blicke auf sie gerichtet sind. Damit die muslimische Frau keine Fitna in der Gesellschaft auslöst, sollte sie sich ganz verschleiern. Das sollte zwar jede muslimische Frau für sich entscheiden, ob sie einen Gesichtsschleier tragen möchte, aber sie muss dann auch die Konsequenzen tragen, wenn sie z. B. belästigt wird."* (Imam Taner H.)

Der politische Islam ist ein Produkt der Moderne, entstanden infolge der geistigen und politischen Herausforderung durch die Europäer. Die militärische, wirtschaftliche, wissenschaftliche, kulturelle und technologische Kluft zum Westen hat in den islamisch geprägten Ländern ein kollektives Gefühl der Unterlegenheit hervorgerufen. Die Gegenwart wird als eine permanente Erniedrigung empfunden. Um diesem kollektiven Gefühl zu entkommen und es zumindest auf einer geistigen Ebene in ein Gefühl der Überlegenheit zu verwandeln, findet eine Rückbesinnung auf glorreiche alte Zeiten statt. Allerdings sei in den Augen der neosalafitischen Imame der Islam, so wie er von vielen heute praktiziert werde, Welten von dieser propagierten Vergangenheit entfernt. Daher gehe es den Muslimen heute so schlecht.

Vor diesem Hintergrund ist es nicht verwunderlich, wenn von den 1,5 Milliarden Muslimen nur eine „Handvoll" als richtige Muslime definiert werden. Denn bereits die Glaubensgrundlage *Es gibt keine Gottheit außer dem einen Gott* werde von den Muslimen falsch verstanden:

*„Es gibt eine Überlieferung, die auf unsere Zeit anspielt: ‚Die islamische Gemeinschaft wird sich in 73 Gruppen spalten und nur eine Gruppe wird auf dem Heilsweg sein.' Das heißt also, dass die meisten Muslime auf dem falschen Weg sind. Sie beten und fasten zwar, aber ihre Aqida (Glaubensgrundlage, R.C.) ist falsch. Wenn das Fundament schlecht ist, können sie darauf bauen, wie sie wollen, alles wird einstürzen. Diese Muslime können beten, wie sie wollen, aber sie haben die Tauhid (Glaubensgrundlage im Islam, R.C.) nicht verstanden. ‚La ilaha illallah' (Es gibt keine Gottheit außer dem einen Gott, R.C.) hat eine sehr tiefe Bedeutung, und die Muslime haben diese Bedeutung vergessen. Denn Gottheit kann ein Mensch, Geld oder das politische System sein. Diese Organisationen wie der Zentralrat des Islam*

*(Zentralrat der Muslime, R.C.) usw. manipulieren den Islam, weil sie sich an diese Gesellschaft anpassen."* (Imam Ersin K.)

Als selbsternannte Hüter der Religion beanspruchen die Neo-Salafiten somit für sich das Interpretationsmonopol. Koranische Begriffe werden umdefiniert und mit neuen, politischen Inhalten gefüllt:

*„Ich würde mein Kind nicht in eine Moschee schicken, weil sie die Religion verdrehen und sie so den Kindern vermitteln. Ob es jetzt die Süleymancis (VIKZ, R.C.) sind oder andere. Die bringen nur bei, wie man den Koran liest, betet usw. Aber was z.B. das arabische Wort Ilah (Gottheit, R.C.) bedeutet, wird nicht beigebracht. Für uns hat Gott eine andere Bedeutung, für sie hat Gott eine andere Bedeutung. Das Wort Herr (Rabb, R.C.) hat für uns einen anderen Sinn, und für sie hat es einen ganz anderen Sinn. Sie wissen nicht, was Tauhid (Einheit Gottes, R.C.) im wirklichen Sinne bedeutet. Gehen Sie z.B. zu den Süleymancis und fragen Sie mal nach der Bedeutung von Tauhid. Von der Gemeinde bis zu den Imamen wird Ihnen niemand die wahre Bedeutung des Begriffs sagen können. Die Imame definieren das höchstens so: ‚Man darf keine Götzen anbeten', aber das ist nicht die tiefgründige Bedeutung."* (Imam Ersin K.)

Das theokratische System – das von den Extremisten allerdings nicht näher definiert werden kann und worüber auch kein Konsens unter den zahlreichen islamistischen Bewegungen herrscht – wird als Allheilmittel propagiert. Dabei handelt es sich weder um ein analytisches Konzept noch um eine einheitliche Staatstheorie unter den extremistischen Gruppen. Nur ein paar der 6236 Verse des Korans behandeln juristische und wirtschaftliche Themen. Es gibt kein koranisch formuliertes Staatsrecht. Und hier ist auch das Dilemma unter den Extremisten auszumachen: Wie soll man mit Staatsschulden umgehen? Wie sollte die Bildungs- und Wirtschaftspolitik aussehen? Wie sollte die Sozialpolitik des utopischen Staates ausgerichtet sein? Erwartungsgemäß fallen die Antworten dürftig aus. Extremisten agieren als „Sozialphysiker". Man müsse nur an ein paar Schrauben hier, ein paar Schrauben dort drehen, und dann verändere man damit die Gesellschaft. So wird zwar beispielsweise die Idee der sozialen Gerechtigkeit beschworen. Dahinter steht jedoch kein durchdachtes, politisches Programm, die Basis bildet allein der Wohlfahrtsgedanke.

In der Zeit des Propheten war die Stadt Medina ein Stadtstaat, in dem jeder jeden kannte. Es bedurfte keiner Bürokratie und keines Beamtentums. Mit der Expansion des Islam wurde die islamische Gesellschaft jedoch immer komplexer. Neue Herausforderungen tauchten auf; die einfachen Gesetze in Medina waren indes für die einfachen Bedingungen gedacht. Ein organisiertes politisches System, eine funktionsfähige, effiziente und rationalisierte Verwaltung und religiöse Institutionen mussten im Zuge der Expansionswellen des Islam aufgebaut werden. Für komplexe Gesellschaften musste weiter gedacht werden. Und genau hier liegt das Problem der Fundamentalisten: Ihnen fehlt jegliche Gesellschaftsanalyse, sie denken nicht über den von ihnen postulierten „Ur-Islam" hinaus.

Die Weltwirtschaftskrise hat den islamistischen Gruppen neue Möglichkeiten eröffnet, um ihre Macht zu stärken. Das Versagen des westlichen Wirtschaftssystems – welches auf Zinsen aufbaut, während im Islam Zinsen verboten sind

– führt nach Ansicht der Extremisten die Berechtigung des islamischen Wirtschaftssystems vor Augen. Doch keine Alternativen, keine Strukturveränderungen haben diese Gruppen in petto, sondern nur die Akzentuierung mildtätiger Werke. Nur die Formel *back to the roots*, „Festhalten an den Quellen" wird gebetsmühlenartig wiederholt. Man klammert sich an den Koran und verfremdet das heilige Buch:

*„Die wichtigsten Quellen sind aber Koran und Sunna, mehr braucht ein Muslim eigentlich nicht. Die Gefährten des Propheten haben auch keine Büchereien zu Hause gehabt, nur Koran und Sunna hat man befolgt. Daher ist alles andere nur Herumphilosophieren. Denn im Koran ist das ganze Wissen der Welt enthalten, und der Prophet hat den Koran interpretiert. Wir müssen nur im Koran suchen, dann finden wir auch all das, was wir suchen. Das Problem heute ist aber, dass wir uns von den Quellen distanziert haben."* (Imam Senol B.)

## Der Imam als Revolutionsführer oder: „Bin Laden ist für mich ein gerechter Mann"

Extremisten gehen davon aus, dass die Menschheit in der Zeit der *Dschahiliya* (Unwissenheit) lebt. Mit *Dschahiliya* wird im historischen Kontext die Zeit vor der Offenbarung des Islam auf der Arabischen Halbinsel bezeichnet, in welcher Vielgötterei, Blutfehden, Unmoral etc. herrschten. Mit der Offenbarung des Islam wurde diese Zeit nach muslimischem Verständnis abgelöst. Das war und ist die Haltung der meisten Muslime. Allerdings erlebte der Begriff der

*Dschahiliya* im 20. Jahrhundert seitens der Fundamentalisten eine Uminterpretation, indem er auf alle Gesellschaften der gegenwärtigen Zeit übertragen wurde, die nicht nach dem „islamischen Staatssystem" ausgerichtet sind. Der Zustand sei eingetreten, weil die herrschende Kaste in den islamischen Ländern es geschafft habe, wichtige politische Terminologien im Koran mit Hilfe staatlich finanzierter Gelehrten auszuhöhlen. Die andere Teilschuld wird in den neuen „Kreuzzügen" des Westens gesehen:

*„Wir leben in der Zeit der Dschahiliya. Auf keinem Land der Erde herrscht der Islam, nur Afghanistan war bis vor kurzem ein islamischer Staat, aber das Land ist jetzt von den Kuffar (Ungläubigen, R. C.) und mit einem Marionettenstaat besetzt. Aber so Gott will, werden die Taliban die Kuffar rauswerfen und die islamische Ordnung wiederherstellen. Es ist die Pflicht aller Muslime, den Dschihad in Afghanistan zu unterstützen. Die Europäer und die Amerikaner haben Fitna in das Land gebracht, und sie haben direkt mit den Frauen angefangen. Weil Frauen die muslimischen Kinder erziehen, haben sie mit der Gehirnwäsche erst mal bei den muslimischen Frauen angefangen. Sie sollen ihre Burka nicht mehr tragen, dann sollen sie freizügiger sein, Schulen mit Jungen zusammen besuchen und irgendwann mal in Kabul mit Miniröcken rumlaufen. Das ist das, was der Westen unter Freiheit versteht, aber dazu wird es, so Gott will, nicht kommen."* (Imam Ersin K.)

Anders als die traditionell-defensiven Imame warten die neo-salafitischen nicht auf den Messias. Sie wollen die Umgestaltung der Gesellschaft, die Wiederherstellung des authentischen Urzustandes aktiv mitgestalten. Sie vertreten eine radikal-politische Konzeption, die einerseits restaurativ ist: Sie sehnen sich nach dem Goldenen Zeitalter. Andererseits agieren sie utopisch: Eine neue Ordnung, eine theokratische Staats- und Gesellschaftsdoktrin mit einem Kalifen an der Spitze soll aufgebaut werden. Als dem göttlichen System diametral entgegengesetzt gilt die Demokratie. In ihr sehen die Islamisten die Souveränität des Volkes verwirklicht, was ihrer Forderung nach der unumschränkten Souveränität Gottes zuwiderläuft. Sie wollen eine uneingeschränkte Gültigkeit ihrer Vorstellung von religiösen Vorschriften durchsetzen, Vorschriften, die sie – als Stellvertreter Gottes auf Erden – formuliert haben und deren Umsetzung bedeute, dass Gott durch diese Gesetze herrsche:

*„Der Unterschied zwischen der Demokratie und der Scharia liegt darin, dass die Demokratie Menschenwerk ist, also von Geschöpfen mit begrenztem Verstand entworfen wurde: ein System, das Erlaubtes für verwehrt und Verwehrtes für erlaubt erklärt und das Freiheiten einschränkt, zwischen der Hautfarbe der Menschen einen Unterschied macht. Im Islam gibt es all das nicht. Der Islam beruht auf göttlicher Offenbarung. Die Scharia ist ein göttliches Rechtssystem. (...) Die Demokratie, welche auf Papier geschrieben ist, habe ich bis heute nicht erlebt. Die Demokratie ist ein System, das den Menschen von Gott trennt und die Menschen zu Sklaven von anderen Menschen macht. Wenn z.B. der erhabene Gott etwas als verwehrt erklärt hat, dann erklärt die Demokratie dies als erlaubt. Es gibt da sehr viele Unterschiede zwischen dem Islam und der Demokratie. (...) Der Islam kennt keine Rasse oder Farbe, sondern umarmt die ganze Menschheit, aber die Gesellschaften wie Deutschland, Europa oder Amerika, die sich als modern verstehen – auch wenn sie noch so viel über Menschenrechte, Demokratie er-*

zählen, so haben sie nicht einmal zehn Prozent von dem Rechtssystem erreicht, was Gott im Koran den Menschen offenbart hat." (Imam Taner H.)

Die politische Partizipation in einem demokratischen System wird als *haram* (islamisch: verwehrt) und als Götzendienst betrachtet. Ein von Menschen errichtetes Unrechtssystem könne man nicht unterstützen, weswegen man den Gang zur Wahlurne mit polytheistischen Riten gleichsetzt. In der islamischen Terminologie sei dies *schirk* (Vielgötterei) und damit die größte und unverzeihliche Sünde, die ein Muslim überhaupt begehen könne:

*„Ich bin gegen demokratische Wahlen, weil sie gegen den Geist des Tauhid sind. Ich habe noch nie an Wahlen teilgenommen, weil im Koran steht: ‚Wollt ihr denn immer noch das System der Dschahiliya haben?' Wenn ich an demokratischen Wahlen teilnehmen sollte, dann würde ich ja dieses System unterstützen. Die Gesetze dieses Landes interessieren mich nicht, weil sie von den Kuffar (Ungläubigen, R. C.) gemacht worden sind. Nur Gesetze, die von wahren Muslimen gemacht worden sind, sind islamisch. Deshalb habe ich mich auch nicht einbürgern lassen, weil ich nicht diese Demokratie-Erklärung unterschreiben wollte. Jeder Muslim, der das macht und sich dazu bekennt, sagt doch nur, dass die Verfassung höher steht als der Koran. Also, ich will auf jeden Fall mit meiner Familie in ein islamisches Land gehen, wenn inschaallah es so weit ist."* (Imam Senol B.)

Ähnlich wie militante linke Gruppierungen halten die Neo-Salafiten die Erreichung ihrer Ziele nur mit militärischen Mitteln für möglich. Das erste Ziel sei es, die Revolution in einem islamisch geprägten Land zu erreichen. Dann müsse versucht werden, dieses Staatsmodell in andere Länder zu exportieren. Dies sei eine moralische Verpflichtung. Ähnlich formulierte es Che Guevera: „Wir können nicht versprechen, unser Beispiel nicht zu exportieren, weil es ein moralisches ist; denn moralische Beispiele kennen keine Grenzen."

Instrument für die Verbreitung ihrer Ideen ist der *Dschihad*. Wie auch andere islamische Termini hat der *Dschihad*-Begriff im Laufe der islamischen Geschichte verschiedene Bedeutungen angenommen. Im koranischen Kontext ist der Begriff zu übersetzen als „sich bemühen (auf dem Weg Gottes)". Dieser Begriff wird von dem überwältigenden Teil der Muslime als der „Kampf gegen die eigenen Triebe" verstanden, als ein Kampf gegen den eigenen „inneren Schweinehund". Im militärischen Kontext wird unter Dschihad eine defensive Kriegsführung verstanden. Die Extremen hingegen akzeptieren nur die militante Bedeutungsvariante des Dschihad – auch als Angriffskrieg.

Da die Verse des Korans immer in einem ganz spezifischen Kontext entstanden sind, muss man diese historischen Hintergründe kennen, um sie zu verstehen. Und so gibt es Verse im Koran, die während eines Krieges geoffenbart worden sind, also in einem Ausnahmezustand. Diese Verse beziehen sich auf das Verhalten in einem bereits sich in Gang befindlichen Krieg. Nicht das Recht *zum* Krieg (*ius ad bellum*) wird hier behandelt, sondern das Recht *im* Krieg (*ius in bello*). Extremisten reißen diese Verse allerdings gerne aus dem Zusammenhang. Andererseits ist es eine Tatsache, dass in der islamischen Geschichte Kriege seitens der Herrscher gerne als *Dschihad* bezeichnet wurden, obgleich diese Kriegszüge oftmals allein ökonomisch begründet waren.

Die damaligen Gesellschaften basierten auf Agrarwirtschaften, das Reich war also ökonomisch vom landwirtschaftlichen Mehrwert abhängig. In Zeiten, in denen ein Mangel an Ressourcen herrschte, führte man einen *Dschihad*, um die leeren Kassen wieder zu füllen.

Betrachtet man die Forderungen und Vorstellungen der neo-salafatischen Imame, so ist der Schritt zu Gewaltanwendung und Terror nicht sonderlich groß. Sicher, noch sind es nur Worte, aber wann werden sie wohl damit beginnen, ihre hegemonialen, expansionistischen Ambitionen umzusetzen?

*„Wenn man Muslime nach den Grundlagen des Islam fragt, dann bekommt man immer die gleiche Antwort zu hören: Der Islam habe fünf Säulen, also Schahada, Beten, Fasten, Almosen und Pilgerfahrt. Die sechste Säule, den Dschihad, lässt man einfach weg, dazu haben auch die Europäer beigetragen. Der Dschihad gehört zu den Glaubensgrundlagen, jeder Muslim, der diese Pflicht unterlässt, ist als Muslim schwer vorstellbar. Jeder Muslim muss auf den Dschihad vorbereitet sein. Der große Scheich Abdullah Azzam hat wirklich das Bewusstsein dafür bei den Muslimen wiederbelebt. Der Muslim muss immer trainiert sein, und es gibt auch junge Männer, die in verschiedene Ländern gehen, um ihre Pflicht auszuüben."* (Imam Ersin K.)

Der fundamentalistische Gelehrte Abu l-A'la al-Maududi gehört zu denjenigen, die den *Dschihad* ins Zentrum des Islam rückten. Das war neu für die islamische Lehre. Und indem der Imam Ersin K. den Dschihad als eine Säule des Islam versteht, bezieht er sich im Wesentlichen auf die Lehren al-Maudidis, der Gebet, Fasten, Almosensteuer usw. als

Vorbereitung auf den *Dschihad* begriff. Al-Maudidi hielt dies infolge der gegenwärtigen Notsituation der Muslime für eine Notwendigkeit. Die Angst vor dem Verlust kultureller und religiöser Normen und Werte hatte zu einer extremen und potenziell gewalttätigen Manipulation religiöser Begrifflichkeiten geführt.

Mit dem Aufleben des politischen Islam in den 1970er und 1980er Jahren infolge der Iranischen Revolution oder des Afghanistankriegs hat der Begriff des *Dschihad* unter Extremisten wieder an Aktualität gewonnen. Der von Imam Ersin K. erwähnte Abdullah Azzam (1941–1989) gehört zu den geistigen Vätern vieler Dschihadisten. Von Azzam stammt der folgende Spruch, den sich auch Osama Bin Laden zur Maxime gemacht hat: „Nur der Dschihad und das Gewehr, sonst nichts. Keine Verhandlungen, keine Dialoge und keine Konferenzen." Im Kontext der gegenwärtigen Kriege in Afghanistan und im Irak wird der *Dschihad* als Verteidigungskrieg interpretiert. Als Identifikations- und Führungsfigur dient dabei Osama Bin Laden, gewissermaßen die arabische Version von Che Guevera:

*„Wenn ich meine Sympathie für Bin Laden öffentlich machen würde, dann ... Also, ich habe jetzt die deutsche Staatsbürgerschaft, und wenn ich nur sagen würde, dass er im Recht ist und ein gerechter Mann, dann würde man mir meine Staatsbürgerschaft auf der Stelle entziehen und mich abschieben. Wenn ich sagen würde: ‚Ich finde, dass die Taliban im Recht sind oder Bin Laden im Recht ist' – das dürfte ich auf keinen Fall sagen. Ich finde aber, dass sie im Recht sind, wegen der Unterdrückung, die Afghanistan erlebt hat oder jetzt der Irak. Nur Gottesdienste und Predigten sind in Deutschland erlaubt. Bin Laden ist wirklich ein gerechter*

*Mann. Er ist kein Terrorist, wie oft im Westen zu hören ist.*
*Das ist er nicht. Ganz im Gegenteil, er antwortet dem Ter-*
*ror des Westens, versucht, diesen Terror zu bekämpfen. Für*
*mich kämpft er für Gerechtigkeit. Das ist meine Meinung."*
(Imam Taner H.)


## Hidschra: Auswanderungsland Deutschland

Das politische Interesse der neo-salafitischen Imame ist primär auf die islamisch geprägten Länder gerichtet. Deutschland gilt ihnen nicht als die ersehnte Heimat, bestenfalls
taugt es als ein vorübergehender Aufenthaltsort. Und so verwundert es nicht, wenn sie die dauerhafte Niederlassung
von Muslimen in Deutschland als einen Fehler ansehen und
sich für eine Auswanderung aus Deutschland aussprechen.
Ähnlich wie in Bosnien oder im Kosovo, würden die Muslime eines Tages auch in anderen Teilen Europas ermordet
und vertrieben werden.

Eine andere Gefahr wird als noch schwerwiegender gesehen, und zwar die Gefahr, die muslimische Identität zu
verlieren:

*„Ich stehe jeden Tag so gegen vier oder fünf Uhr mor-*
*gens auf und mache nach dem Frühgottesdienst einen Spa-*
*ziergang. Dabei treffe ich auch viele Deutsche, die ihre*
*Hunde ausführen, aber das sind Deutsche. Von denen kann*
*man nicht viel erwarten, weil sie keine Kinder machen, aber*
*sich dafür Hunde anschaffen. Das sind Deutsche, das kann*
*ich verstehen. Um ihre Kinderliebe zu befriedigen, schaffen*
*sie sich einen Hund an und führen ihn wie ein Kind spazie-*
*ren. Wenn ich aber um die gleiche Uhrzeit türkische Frauen,*

*sogar mit Kopftüchern, sehe, die ebenfalls Hunde halten und rumführen, dann bin ich wütend. Sie sind verdeutscht. Es gibt keinen Unterschied mehr zu den Deutschen, nur ihre Drei-Euro-Kopftücher. Das ist das einzige Unterscheidungs-merkmal, sonst sind sie wie die deutsche Helga von ne-benan."* (Imam Ersin K.)

Diese generelle oppositionelle Haltung der Neo-Salafiten gegenüber dem deutschen Staat und dem politischen System führt dazu, dass alle staatlichen Integrationsmaßnahmen bereits im Ansatz abgelehnt werden. Die lediglich als vorge-schoben empfundene Religionsfreiheit und die liberale Hal-tung des deutschen Staates werden als ein Schritt im Ge-samtplan einer untergründigen Assimilationspolitik aufge-fasst. Zugeständnisse an deutsche Muslime wie der geplante islamische Religionsunterricht werden vor diesem Hinter-grund als eine weitere Strategie in der Auseinandersetzung mit dem Islam gesehen. Wenn ein politisches System, das darauf aus ist, Muslime zu diskriminieren und zu bekämp-fen, auch noch Islamunterricht anbietet, dann können da-hinter nur die Interessen dieses Systems stehen, nicht aber die der Muslime. Ähnlich wie der türkische Staat beabsich-tige auch der deutsche, den Islam zu kontrollieren:

*„Für die Deutschen ist der Islam zu einer großen Bedro-hung geworden, er macht ihnen Angst. Sie setzen den Islam mit Terrorismus gleich. Wenn sie den Koran und die Biogra-fie des Propheten lesen würden, würden sie den Islam ver-stehen. Ihr Ziel ist es aber nicht, den Islam zu verstehen, sondern ihn auszumerzen und zu manipulieren. Im Grunde wollen sie den Islam stoppen und die Entwicklung unter-binden. Ihr wahres Ziel mit dem Islamunterricht ist es, den Islamunterricht aus den Moscheevereinen herauszuholen*

*und ihm ein Ende zu setzen. Man will ihn nur kontrollieren.*
*Vor einigen Jahren betrug die Zahl der geborenen Muslime*
*– also nicht der Ausländer, sondern der deutschstämmigen*
*muslimischen Neugeborenen – über 200 000, und die Zahl*
*nimmt weiter zu. Für die Deutschen ist das natürlich er-*
*schreckend, deshalb will man den Islam stoppen und den*
*Kinder einen verfälschten, ihren Vorstellungen entsprechen-*
*den Islam im Unterricht vermitteln. Man denkt sich, dass*
*dies eine mögliche Strategie wäre, deshalb soll der Islam*
*nicht in Moscheen oder an versteckten Orten, sondern nur*
*unter ihrer Kontrolle stattfinden und nach ihren Zielen. Das*
*ist ihre Absicht."* (Imam Taner H.)

Vor diesem Hintergrund verzichten die neo-salafitischen
Imame darauf, langfristige Strukturen wie etwa repräsentative Moscheen oder Schulen in Deutschland aufzubauen.
Um die eigene Situation zu verbessern, wird nur noch an die
*Hidschra*, die Auswanderung, gedacht. Bereits im Mittelal-
ter vertraten muslimische Gelehrte die Ansicht, dass sich
Muslime nicht als Minderheit in nichtislamischen Ländern
aufhalten dürfen. Eine Ansicht, die im damaligen Kontext
durchaus nachvollziehbar ist, waren die Muslime doch vielerlei Gefahr ausgesetzt: Pogromen, der Einschränkung ihrer Religionsausübung oder der Assimilation. Die neo-salafitischen Imame halten jedoch an dieser Doktrin noch im
Zeitalter der Globalisierung fest. Sie werden nicht müde zu
betonen, dass der Aufenthalt in Deutschland nur temporär
sein dürfe:

*„Irgendwann müssen wir zurückgehen in unsere Länder,*
*wenn der Islam dort wieder regiert. Dort gibt es historische*
*Strukturen, auf die man bei einer Staatsgründung aufbauen*
*kann. In Europa sind die Muslime eine Minderheit, und es*

*gibt hier überhaupt keine festen Strukturen, auf die man aufbauen könnte. Es ist sogar die Pflicht der Muslime, wieder zurückzugehen, denn ein Aufenthalt in nichtislamischen Ländern ist eigentlich nicht erlaubt."* (Imam Senol B.)

Das Wunschland von Imam Taner H. steht übrigens schon fest. Interessanterweise handelt es sich aber nicht um die Türkei, denn dort regiere eigentlich das kemalistische Militär. Doch auch von der offiziellen türkischen Regierungspartei AKP hält der Imam wenig, obwohl sie muslimische Wurzeln hat. Sein Urteil ist klar: Zu westlich, zu opportunistisch sei die AKP, deshalb diene sie auch nur dem System. Imam Taner H. konzentriert sich eher auf Ägypten. Und er ist schon dabei, die arabische Sprache zu lernen, zumal sich durch die Heirat mit seiner ägyptischen Frau deutliche Fortschritte eingestellt haben.

Wobei sich ein merkwürdiges Paradox ergibt: Aus Furcht vor Repressalien bleibt das Paar zunächst in Deutschland. Hier müssen sie wenigstens nicht um ihr Leben fürchten:

*„Nach Ägypten würde ich sofort ausreisen, aber meine Frau kann nicht dorthin, weil dort die Pharaonen herrschen. Wir waren hier z. B. ein paar Mal im \*\*\*, um einen Pass zu beantragen, da wir sonst in der \*\*\* keinen Aufenthalt bekamen. Nach ein paar Wochen wurden wir dann wieder vorgeladen, und meine Frau wurde dort verhört. Nach diesem Verhör wurden wir dann noch einmal nach \*\*\*, ins \*\*\* vorgeladen. Dort wurde meine Frau dann wieder verhört, und ihr Antrag wurde abgelehnt. Wir können nicht nach Ägypten, weil der Staat meine Frau einkerkern und foltern würde. In den islamischen Ländern wird gefoltert, Folter der grausamsten Art. Ich habe eine Videokassette mit Folteraufnahmen zu Hause, wenn man dies gesehen hat, dann*

weiß man, was die Muslime dort erwartet. Man kann seinen Augen nicht glauben, welche Foltermethoden die Polizisten anwenden. Sie erwürgen, sie lassen hungrige Hunde auf Menschen los und reißen die Fingernägel mit Zangen heraus." (Imam Taner H.)

# 7. Ausblick: Welche Imame wollen wir in Deutschland?

Schon seit Jahrzehnten setzt sich die deutsche Politik mit Fragen der Migration und mit dem Islam auseinander. Aber leider hat sie es bislang konsequent vermieden, sich den wichtigsten Multiplikatoren in der muslimischen Community zuzuwenden: den Imamen, die doch ganz offenkundig an den Schalthebeln der Integration sitzen, eine entscheidende Rolle in den Gemeinden spielen und jährlich tausende muslimische Jugendliche unterrichten. Das ist unentschuldbar. Resultat dieser Ignoranz: In den vergangenen fünf Jahrzehnten sind hunderte Imame aus dem Ausland in das Land ein- und ausgereist. Jeder von ihnen hat je nach seiner eigenen religiösen und politischen Orientierung einen bestimmten Eindruck bei den muslimischen Jugendlichen hinterlassen. Ob dieser Einfluss nun positiv oder negativ für den Integrationsprozess der Kinder und Jugendlichen gewesen ist, wie er sich überhaupt gestaltete und noch gestaltet, wissen wir nicht.

Mein Ziel war es daher, mithilfe meiner jahrelangen empirischen Erfahrung in diesem Bereich und durch meine zahlreichen Interviews mit den Imamen etwas Licht in dieses dunkle Feld zu bringen, vor allem aber eine in meinen Augen überfällige Diskussion in diesem Land ins Rollen zu bringen. Ich wollte einen ersten Einblick gewähren, wie Imame generell denken und wie sie mit wichtigen religiösen und politischen Fragen umgehen, in welchem Rahmen etwa sich ihre Einstellungen zur Demokratie oder zu unserer Gesellschaft bewegen.

Was bleibt, ist der Versuch, die zentralen Ergebnisse zusammenzufassen, sie zu kommentieren und Schlussfolgerungen für die zukünftigen Entwicklungen zu formulieren.

## Imame sind zentrale Personen für den Integrationsprozess

Auch in einer säkularisierten Gesellschaft wie der deutschen spielen Geistliche eine entscheidende Rolle. Egal ob Rabbiner, Pastor oder Imam – sie alle üben eine wichtige Funktion aus. Sie trösten, sie spenden Hoffnung, und sie unterweisen in religiösen Fragen. Nach wie vor erfüllen sie somit eine bedeutende Brückenfunktion. Die Imame in Deutschland bilden dabei keine Ausnahme, im Gegenteil: Gerade wegen der in mancher Hinsicht problematischen Migrationssituation der Muslime erscheint mir ihre Rolle als besonders wichtig. Tausende Muslime konsultieren diese religiösen Autoritäten bei sozialen Problemen und suchen Trost bei ihnen.

Wie die Islam-Studie des Londoner Gallup-Institutes zeigt, schneiden die in Deutschland lebenden Muslime hinsichtlich ihrer Integration im europäischen Vergleich insgesamt positiver ab: Nirgendwo ist das Vertrauen der Muslime in Gerichte, politische Wahlergebnisse und die örtliche Polizei höher als in der Bundesrepublik. Ob dies so bleiben wird oder ob sich die Lage womöglich verschlechtern wird, hängt auch von den Einstellungen und Kompetenzen der Imame ab. Der Integrationsprozess der Muslime ist störanfällig; genauso die erfolgreiche Eingliederung der hunderttausende muslimischen Kinder und Jugendlicher. Erfahrun-

174

gen mit Religion gehen auch auf Erfahrungen mit Imamen zurück. Je positiver die Imame zu Deutschland eingestellt sind, desto positiver werden auch die muslimischen Kinder und Jugendliche zu diesem Land eingestellt sein. Deshalb müssen die Imame als gesellschaftliche und politische Multiplikatoren ins Visier der Integrationspolitik genommen werden.

## Imam-Importe bringen Probleme mit sich

Ein Kommunalpolitiker mit türkisch-muslimischem Hintergrund brachte es in einem Gespräch mit mir auf den Punkt: „Im Islam glauben wir, dass das Paradies zu Füßen der Mütter liegt. Und ich denke, dass die Integration zu Füßen der Imame liegt. Wenn wir die Imame integrieren können, können wir auch die Millionen Muslime in Deutschland integrieren."

Aus dem Zitat geht eines deutlich hervor: dass Imame in der muslimischen Community als Integrations- und Schlüsselfiguren wahrgenommen werden. In vielen islamischen Ländern genießen sie meist mehr Autorität und Vertrauen als staatliche Institutionen. Und auch in Deutschland ist das der Fall. Allerdings können sie zu dem nötigen Integrationsprozess kaum etwas beitragen. Wie auch? Nach wie vor kommen Imame aus dem Ausland, um die deutsch-muslimische Community zu betreuen. Wer allerdings mit seiner eigenen Integration überfordert ist, der kann nicht auch noch andere integrieren. Während meiner vielen Gespräche, die ich mit Imamen führte, konnte ich feststellen, dass ein Großteil von ihnen aus materiellen Gründen nach Deutschland kommt. Ähnlich wie die ersten Gastarbeiter möchten sie so viel Geld wie möglich verdienen und dann wieder in die Heimat zurückkehren. Alle anderen Motive sind nur sekundär. Wer allerdings nur aus rein materiellen Gründen kommt, wer rückkehrorientiert ist und überhaupt erst seinen eigenen Kulturschock verarbeiten muss – was ein langjähriger Prozess sein kann –, der wird kaum einen wesentlichen Beitrag zum Integrationsprozess leisten. Das sollten mittlerweile auch die türkisch-muslimischen Verbände erkennen. Immerhin: Bei den jüngeren Mitgliedern in den Verbänden setzt sich diese Einsicht zunehmend durch. Allerdings stehen sie mit ihrer Meinung alleine da.

## Neue Herausforderungen, neue Imam-Rolle

Das größte Problem stellt die neue Rolle der Imame in Deutschland dar. In der Türkei ist man nur Vorbeter, hierzulande erwartet die muslimische Gemeinde von dem Imam jedoch auch sozialarbeiterische und sozialpädagogische Kompetenzen. Am deutlichsten wird dieses Problem in der Beziehung zu den Kindern und Jugendlichen. Es existieren erhebliche Kommunikationsprobleme zwischen den Imamen und den in Deutschland sozialisierten Kindern und Jugendlichen, was nicht nur im sprachlichen Sinne zu verstehen ist. Sicher, Imame sprechen kaum Deutsch, sie kennen aber auch die Lebenswirklichkeit der jungen Muslime in Deutschland nicht. Viele Imame haben große Schwierigkeiten mit ihrem autoritären Erziehungsstil, den sie in den Institutionen der Türkei erfolgreich durchsetzen können, nicht aber in den deutschen. Infolge ihrer Sozialisation in deutschen Bildungsinstitutionen reagieren die Kinder und Schüler auf diesen Erziehungsstil nicht; sie sind eine demokratische und antiautoritäre Unterrichtsform gewohnt. Viele Imame irritiert das selbstbewusste Auftreten der jungen Muslime, weil sie in der Türkei mit einem solchen Verhalten nicht vertraut waren.

Auch die Freitagspredigten stehen charakteristisch für die Vielfalt der Kommunikationsprobleme. Der Imam, der sich die Woche über nur mit Informationen aus der Türkei versorgt, predigt an der Lebensrealität der Muslime vorbei. So wurde ich einmal Zeuge, wie ein Imam die Steuersätze für die *Zakat*, die muslimische Sozialsteuer, ausrechnete, und zwar speziell für Bauern! Für soundso viel Hektar Feld müsse man soundso viel Euro zahlen. Für die Gemeinde, die sich überwiegend aus Arbeitern, Hartz-IV-Empfängern und Schülern zusammensetzte, dürfte das befremdlich geklungen haben. Statt sich mit den Alltagsfragen der Menschen beispielsweise in deren Wohnvierteln zu beschäftigen, werden Themen gewählt, die fernab der täglichen Erfahrungen liegen.

Dieses Problem geht vor allem darauf zurück, dass die Themen für die Freitagspredigten in der Türkei aus der Zentrale in Ankara vorgegeben werden. Was dazu führt, dass die Alltagsfragen und Sorgen der unterschiedlichen Regionen schon in der Türkei völlig außer Acht gelassen werden. Ein Imam aus der Türkei hat mir in diesem Zusammenhang eine völlig groteske Geschichte erzählt: Themenvorgabe für den Imam war es, der Gemeinde die Verkehrsregeln am Beispiel der Ampel und anderer Verkehrsschilder zu erläutern, und zwar in einem Dorf im Südosten der Türkei. Die Gemeindemitglieder hätten aber während der Predigt nur schmunzelnd erwidert: „Aber Herr Imam, wir haben doch gar keine Straßen und Verkehrsschilder hier im Dorf."

Diejenigen Imame, die ohnehin nur eine kurze Zeit in Deutschland sind und kaum Kontakte zur Mehrheitsgesellschaft haben, die weder an dieser Gesellschaft partizipieren noch mit ihr kommunizieren können oder wollen, werden sich auch nicht integrieren können. Manche Islam-Experten wie etwa Bülent Ucar von der Universität Osnabrück gehen daher sogar so weit, langfristig ein Einreiseverbot für Imame aus dem Ausland zu verlangen.

## Extremismus und demokratiefeindliche Strömungen unterbinden

Nach Schätzungen des Verfassungsschutzes ist nur ein Prozent der Muslime in Deutschland als extremistisch einzustufen. Wie in allen Religionen zählen Extremisten zur Minderheit, allerdings macht sie dies nicht ungefährlicher. Radikale kleinere Gruppen wirken zwar bedeutungslos, sie sollten aber nicht unterschätzt werden. Denn sie verfügen über ein gefährliches Mobilisierungspotenzial – vor allem in sozialen und ökonomischen Krisensituationen. Wie viele unter den über zweitausend Imamen in Deutschland extremistisch sind, muss noch ermittelt werden. Sicher ist, dass die Imame der Kategorien traditionell-defensiv und neo-salafitisch die kontraproduktiven Kräfte unter den muslimischen Geistlichen darstellen, doch ebenso sicher lässt sich sagen, dass sie gleichfalls nur eine Minderheit sind. Ihnen muss klar die Rote Karte gezeigt werden.

Die Gefahren, die von diesen beiden Typen von Imamen ausgehen, sind sehr unterschiedlich. In der Regel liegt das Alter der traditionell-defensiven Imame bei fünfzig Jahren und darüber, ihre gesellschaftliche Haltung kann man als apolitisch charakterisieren. Viel wichtiger ist jedoch die Tatsache, dass ihre Ideologie die jungen Muslime nicht erreicht. Sie verfügen nicht über das entsprechende Mobilisierungspotenzial. Anders dagegen die neo-salafitischen Imame. Sie gießen den Islam in eine populäre Form und sprechen gerade Jugendliche an. Sie verstehen es, ihre Ideologie in eine Sprache zu verpacken, die sowohl gebildete als auch ungebildete Jugendliche erreicht. Den Islam verstehen sie primär als ein politisches Konzept mit subversiven Zielen: Islam bedeutet Revolution. Und so verfolgen sie eine radikal-politische Konzeption und bedienen sich dabei religiöser Termini, die sie politisch uminterpretieren. Eine theokratische Staats- und Gesellschaftsdoktrin wird vertreten, wobei die Ablehnung von staatlich ausgebildeten Imamen und von Religionslehrern auf der Hand liegt. Nur unabhängige Imame, die die Ur-Islam-These vertreten, sind für diese Mission bestimmt. Das Interpretationsmonopol liegt bei ihnen, andere Meinungen im Islam werden nicht akzeptiert.

Die Aussagen, die die Extremisten in den Interviews von sich gegeben haben, klingen sehr beunruhigend. Nimmt man diese Imame beim Wort, so verfolgen sie eine Entfremdung der Religion von ihren spirituellen Grundlagen, um sie für die eigenen Ziele zu instrumentalisieren. Neo-salafitische Imame nutzen alle möglichen Informations- und Kommunikationskanäle, um ihre Zielgruppe zu erreichen und zu manipulieren. Ihrer Botschaft erliegen vor allem Jugendliche und junge Männer. Von den Camps in Afghanistan bis hin nach Pakistan sind es meist junge Menschen, die den Rufen der Extremisten folgen. Das haben uns auch al-Qaida-Mitglieder wie der Deutsch-Marokkaner Bekkay Harrach und der Deutsche Eric B. sowie die jungen Mitglieder der Sauerland-Gruppe deutlich vor Augen geführt. Es handelt sich also nicht nur um Jugendliche aus dem Migrantenmilieu, sondern auch um deutschstämmige Jugendliche, die rekrutiert werden können.

Die Extremisten betreiben ihre Propaganda für ein internationales und universelles Konzept. Zudem gewinnen Fragen nach Identität und Gemeinschaft auch unter Jugendlichen an Bedeutung. Viele suchen angesichts von Globalisierung und neuer Unübersichtlichkeit nach einfachen Antworten. Die eigene Hilflosigkeit und Orientierungslosigkeit will man nicht akzeptieren. Also suchen sich die Betroffen meist einen transzendentalen Bezugspunkt, um von ihm her die Welt zu verstehen und mitzugestalten. Religion wird funktionalisiert, um nicht in ein soziales und ideologisches Vakuum zu fallen. Dadurch steigt auch das Selbstwertgefühl dieser jungen Menschen. Radikale Prediger verstehen es, das Vakuum zu nutzen, und sprechen diese Menschen an. So soll der US-Militärpsychologe Major Malik Nadal Hasan, der Amokläufer auf der Militärbasis in Texas, dem zwölf US-Soldaten zum Opfer fielen, Kontakt zum Hassprediger Imam Anwar al-Awlaki gepflegt haben.

Und wie so oft in der Menschheitsgeschichte haben diejenigen Kräfte, die versuchten, ein „Paradies" zu schaffen – also eine puritanische Gesellschaftsordnung –, die Erde zur Hölle verwandelt. Wie Murad Wilfried Hofmann zurecht formuliert: „Als Ankläger, Richter und Gerichtsvollzieher in einer Person und von eigenen Gnaden geraten sie unvermeidlich auf eine theokratisch-faschistoide Bahn." Theokratie gerät zur Terrorherrschaft und tötet auch jeglichen individuellen, persönlichen Bezug zur Religion.

Dabei ist es nicht uninteressant, dass gerade in der laizistischen Türkei der Anteil der praktizierenden Muslime viel größer ausfällt als in vielen islamisch-theokratischen Systemen. Sobald der Staat sich daranmacht, der Bevölkerung mittels Repressalien religiöse Gebote und Verbote aufzuzwingen, distanzieren sich die Menschen von der Religion. Wird jemandem gegen seinen Willen etwas aufgedrückt, so wird eine (ähnliche) Gegenreaktion hervorgerufen. Ein Staat, der mit Zwang eine öffentliche Moralität herzustellen versucht, wird eine öffentliche Scheinheiligkeit und latente Apathie gegenüber der Religion hervorrufen.

Hierauf gründet auch die aggressiv-antireligiöse Haltung vieler Exilanten in europäischen Ländern. Aufgrund ihrer negativen Erfahrungen mit der Religion in ihren Herkunftsländern organisieren sie sich in den europäischen Aufnahmeländern, gründen Vereine und agieren aktiv gegen den Islam. Damit importieren sie ihre politischen Probleme mit in die neue Heimat. Dabei verstoßen sie jedoch selbst gegen ein wichtiges Grundrecht: das Recht auf Glaubensfreiheit. Sowohl das Grundrecht zum Glauben als auch das Grundrecht zum Unglauben muss in einem Rechtsstaat jedem Individuum und jeder Gemeinschaft gewährt werden.

## Moscheen und Imame in Kampf gegen Extremismus einbinden

Die Hinterhof-Moscheen sind auf dem besten Wege, sich zu multifunktionalen Zentren zu entwickeln. Vor allem in benachteiligten Wohngebieten erfüllen sie vielfältige integrative Funktionen. Derzeit treten diese Moscheevereine aus ihrem Hinterhofdasein heraus. Das Ziel, durch repräsentative Einrichtungen auch städtebaulich in Erscheinung zu treten, spiegelt nur die Niederlassung der integrationswilligen Muslime wider. Die materielle Sichtbarkeit der Gemeinde ist der äußere Ausdruck einer inneren gewandelten Einstellung zur Einwanderungsgesellschaft. Dadurch werden die Moscheen transparenter, und – wie die Erfahrung in verschiedenen deutschen Städten zeigt – das Zusammenleben von Muslimen und Nichtmuslimen in diesem Land gewinnt an Intensität. Extremisten dagegen wollen nicht in die Öffentlichkeit, sie streben nicht nach repräsentativen Bauten, sondern suchen weiterhin die Hinterhof-Existenz. Sie wollen nicht auffallen.

Diejenigen, die sich gegen den Bau von Moscheen wehren, sollten bedenken, dass, einmal ganz abgesehen vom Aspekt der Religionsfreiheit und der Menschenrechte, ohnehin bereits über 2000 islamisch-kulturelle Einrichtungen existieren. Ist es wirklich besser, dass diese Einrichtungen weiterhin in den Hinterhöfen versteckt bleiben, oder sollten sie nicht vielmehr in die Mitte, in den Blickwinkel der Gesellschaft treten?

Wie Synagogen und Kirchen übernehmen Moscheen eine wichtige soziale und spirituelle Funktion, die man auch im Kampf gegen extremistische Gruppen nutzen sollte. Weil Moscheen ihren Standort vor allem in benachteiligten Stadtteilen haben, dort also, wo auch die großen sozialen Probleme wie Arbeitslosigkeit oder Armut herrschen, stellen sie für extremistische Rattenfänger den idealen Ort dar, um Jugendliche anzusprechen. Dies ist keine flüchtige Erscheinung, sondern wird uns immer begleiten. Gerade um den religiösen Extremismus einzudämmen und zu bekämpfen, sollte daher mit Moscheen kooperiert und die Kooperation mit geschulten Imame gesucht werden.

## Kurzfristige Lösung:
## Imame müssen fortgebildet werden

„Nicht weil die Dinge schwierig sind, wagen wir sie nicht, sondern weil wir sie nicht wagen, sind sie schwierig." Vor diesem Hintergrund müssen erste Schritte zur Lösung der in diesem Buch geschilderten Probleme getan werden. Aufgrund der akuten Situation müssen als eine erste Maßnahme die Imame sowohl in den Herkunftsländern als auch in Deutschland in Weiterbildungskursen fortgebildet werden. Und hier können wir bereits auf positive Erfahrungen zurückblicken. Die staatlich geführte Religionsbehörde Diyanet schult ihre Imame in Kooperation mit dem Goethe-Institut in der Türkei mit einem mehrwöchigen, intensiven Deutschkurs, um die Imame auf ihren Einsatz in der Bundesrepublik vorzubereiten. Finanziert wird die Teilnahme am Sprachkurs von Diyanet und vom Auswärtigen Amt in Berlin. Denn auch bei der staatlichen Religionsbehörde Diyanet setzt sich langsam die Erkenntnis durch, dass die Imame bei der Integration der türkischstämmigen Muslime in Deutschland einen wichtigen Beitrag leisten könnten. Vor allem seit der Islamkonferenz im September 2006 wird die Forderung lauter, dass die islamischen Prediger stärker als Mittler zwischen Gemeinde und Gastland agieren sollten. Ergänzend zu den Sprachkursen bietet die Konrad-Adenauer-Stiftung seit mehreren Jahren erfolgreich Kurse für Landeskunde an. Als Dozent für diese landeskundlichen Vorbereitungsseminare für Imame konnte ich gute Erfahrungen sammeln. Die Seminare setzen sich aus folgenden Modulen zusammen:

1. Praktisches Wissen für den Alltag
2. Religionen in Deutschland
3. Politik, Wirtschaft und Werte in Deutschland
4. Migration, Bildung und Medien

In Deutschland gibt es zahlreiche Ansatzpunkte für eine positive Identifikation mit diesem Land. Das beginnt mit dem Sozialsystem Deutschlands und reicht bis hin zur Religionsfreiheit. Anders als das strenge laizistische System der Türkei, das ironischerweise der türkischen Gesellschaft überhaupt nicht entspricht, favorisieren die Imame das deutsche rechtsstaatliche, säkulare System, das ein kooperatives Verhältnis zwischen Staat und Religion vorsieht: weder ein Religionsstaat noch der strenge Laizismus. Der deutsche Mittelweg wird auch für die Türkei als die richtige Lösung gepriesen. Und ich bin davon überzeugt, dass das deutsche Beispiel auch für andere islamische Länder ein hervorragendes Modell darstellen kann.

Die Evaluation dieser Kurse zeigt zudem, dass sich alle Imame nach den Kursen besser auf Deutschland vorbereitet fühlen. Nicht nur das, sondern auch der Wunsch, die Kurse in Deutschland weiterzuführen, wird häufig geäußert. Daher sollten die Imame sowohl in ihren Herkunftsländern als auch in Deutschland fortgebildet werden. In diesem Zusammenhang wird in Deutschland die Universität Osnabrück im Herbst 2010 einen entscheidenden Schritt machen. Die

Notwendigkeit dieser Fortbildung wird von Martina Blasberg-Kuhnke folgendermaßen begründet: „Weil schon lange die Erfahrung gemacht wird, dass es schwierig ist für Menschen, die aus der Türkei kommen, die gerade eben auch erst anfangen, Deutsch zu lernen, die da vor Ort ein Theologiestudium absolviert haben, sich in die deutschen Verhältnisse, die hier eben ganz anders sind – und zwar nicht nur in Hinblick auf die Gesellschaft, sondern auch auf das Pastorale –, sich hier dann schnell einzustellen."

Allerdings sind die Fortbildungen nur als Übergangslösung zu verstehen, die man kurzfristig anbieten sollte. Die Sozialisation der meisten Imame findet überwiegend in nichteuropäischen Ländern statt. Die meisten Imame haben zudem einen befristeten Aufenthalt in Deutschland. Kaum haben sie sich integriert, verlassen sie das Land wieder. Zwar lernt ein Teil der Imame im Herkunftsland die deutsche Sprache, aber in Deutschland bewegen sie sich überwiegend in der türkisch-muslimischen Community. Sie haben kaum Möglichkeiten, ihre Sprachkenntnisse zu vertiefen und die hiesige Kommunikationskultur zu erlernen. Zudem bereitet das Schulsystem in den Herkunftsländern die Imame nicht ausreichend auf den Fremdsprachenerwerb vor.

## Mittelfristige Lösung: Theologische Lehrstühle in Deutschland einrichten

Es führt kein Weg daran vorbei: Imame müssen in Zukunft in Deutschland ausgebildet werden. Wenn wir Imame in unserem Land haben wollen, die zu dieser Gesellschaft positiv eingestellt sind, Imame also, die als Vorbilder ein fortschrittliches Religionsverständnis vertreten sollen, dann müssen wir diese Imame in Deutschland ausbilden. Zwar können landeskundliche Schulungen zur besseren Vorbereitung auf Deutschland beitragen, aber immer noch werden die theologischen Inhalte in den Herkunftsländern bestimmt. Mittelfristig muss daher an einer deutschen Universität damit begonnen werden, Imame theologisch auszubilden. Und langfristig müssen bundesweit theologische Fakultäten aufgebaut werden. Alternativ wäre auch die Idee zu verfolgen, nach dem Vorbild der jüdischen Hochschule in Heidelberg eine zentrale islamische Hochschule zu errichten. Dort könnten alle Imame ausgebildet werden. Imame sollten in Zukunft nur in Deutschland lehren und predigen dürfen, wenn sie ein Zertifikat an einer deutschen Fakultät nachweisen können.

In islamischen Ländern ist eine Stagnation der Theologie festzustellen. Die älteste Universität, die noch heute aktiv ist und einen wichtigen Einfluss auf die islamische Theologie und mithin auf die islamische Welt ausübt, ist die im 10. Jahrhundert errichtete al-Azhar-Universität in Kairo. Nicht nur Muslime in der islamischen Welt orientieren sich an den theologischen Interpretation der al-Azhar, sondern auch europäische Muslime, und das, obwohl diese Universität ihren Zenit schon vor sehr langer Zeit überschritten hat. Sie bietet keine Antworten auf zeitgemäße Herausforderungen.

In einem sehr kritischen Dialog mit Muhammad Asad wies Scheich Mustafa al-Maraghi bereits in den 1920er Jahren auf diese scholastische Erstarrung und Stagnation hin. Scheich al-Maraghi gehörte zu jener Zeit zu den größten islamischen Gelehrten und wurde in späteren Jahren zum Rektor der al-Azhar-Universität ernannt. Da diese Kritik von al-Maraghi die Lethargie und Dekadenz hervorragend erfasst und auch noch auf die heutigen Zustände und auf die meisten Fakultäten in vielen islamischen Ländern zutrifft, wird dieser Dialog im Folgenden wörtlich wiedergegeben:

*(Scheich al-Maraghi): „Siehst du diese ‚Gelehrten‘ dort drüben? Sie sind wie jene heiligen Kühe in Indien, die, wie man mir sagte, alles beschriebene und bedruckte Papier auffressen, das sie auf der Straße finden … Ja, so ist's: Die hier verschlingen die Seiten von Büchern, die vor Jahrhunderten geschrieben worden sind, ohne sie zu verdauen. Sie können nicht mehr selbständig denken; sie lesen nur und wiederholen, lesen und wiederholen – und die Studenten, die ihnen zuhören, lernen nur lesen und wiederholen, ein Geschlecht nach dem anderen."*

*(Muhammad Asad): „Aber, Scheich Mustafa", warf ich ein, „Al-Azhar ist doch die zentrale Stätte islamischen Wissens, die älteste Universität der Welt! Man begegnet doch ihrem Namen auf fast jeder Seite der islamischen Kulturgeschichte! Wir lesen ja immer wieder von all den großen Denkern, Theologen, Historikern, Mathematikern, die diese Universität in einem Jahrtausend hervorgebracht hat; was ist denn mit diesen geschehen?"*

*(Scheich al-Maraghi): „Al-Azhar hat schon vor Jahrhunderten aufgehört, solche Menschen hervorzubringen", antwortete er wehmütig. „Nun ja, vielleicht nicht ganz; ab und zu gelingt es einem unabhängigen Geist immer noch, hier zur Entfaltung zu kommen. Im Allgemeinen jedoch ist auch al-Azhar der geistigen Unfruchtbarkeit anheimgefallen, an der die ganze islamische Welt leidet, und seine alten Trieb-*

*kräfte sind so gut wie erloschen. Die alten islamischen Den-*
*ker, von denen du soeben sprachst, haben sich's wohl nie*
*träumen lassen, dass ihre Gedanken nach Jahrhunderten*
*und Jahrhunderten statt weitergeführt immer nur wiederge-*
*käut werden ... Eine Besserung wird hier erst dann eintre-*
*ten, wenn man wieder zum Denken anregt, anstatt sich mit*
*einer Nachahmung des Denkens zu begnügen ...*"

Diese scholastische Erstarrung in der islamischen Welt ist
auch auf die politischen Rahmenbedingungen in den islamischen Ländern zurückzuführen. Dort herrscht großteils kein
Klima der geistigen, kreativen Denkfreiheit. Von der Grund-
schule bis in die höheren Klassen hinein besteht der Unterricht aus dem Abprüfen eines als unverrückbar angesehenen
Wissens. Neben dem uninspirierten und wenig motivieren-
den Unterrichtsstil ist auch die Zensur ein wesentlicher
Grund für die Defizite im Bildungssystem. Dies spiegelt sich
konsequenterweise in den theologischen Fakultäten wider.
Absolventen dieser Bildungssysteme sind nach ihrem Ab-
schluss bereits jahrelang durch diese autoritären Strukturen
dermaßen „verarbeitet" worden, dass kaum geistreiche
Theologen herangebildet werden. Daher sollten in Deutschland sozialisierte Muslime die Möglichkeit haben, islamische Theologie auch auf europäischem Boden in einem
Klima der geistigen Denkfreiheit zu studieren.

Die Etablierung von Lehrstühlen für islamische Theologie kann insgesamt betrachtet eine Neudefinition der islamischen Quellen in Europa und eine innermuslimische, freie
rationale Argumentation anregen. Sie kann auch Impulse
für die Theologie in islamischen Ländern liefern. Denn Migration bedeutet nicht nur soziale und kulturelle Innovation

für das Aufnahmeland. Sie bedeutet auch für die muslimischen Migranten selbst Innovation, da infolge der neuen sozialen, kulturellen und politischen Rahmenbedingungen im Aufnahmeland eine Dynamik innerhalb der Religionsgemeinschaft angeregt wird. Erfahrungen aus der Geschichte zeigen, dass religiöse Gruppen meist durch Migration ihre religiöse Emanzipation und ihre eigene Interpretation der Religion ermöglichen konnten. Erst wenn wir hierzulande ausbilden, können wichtige Köpfe wie Muhammad Asad heranwachsen. Erst dann können sich progressive Imame bei Diskussionen um den Islam zu Wort melden. Diese könnten auch die Re-Interpretation der islamischen Quellen nach seriösen wissenschaftlichen Standards und Bedingungen forcieren. Nicht ohne Grund sind die extremistischen Kräfte unter den Muslimen gegen eine Imam-Ausbildung in Deutschland. Umso mehr müssen wir uns deshalb dafür einsetzen. Dies wäre eine Win-Win-Situation sowohl für die nichtmuslimische Mehrheitsgesellschaft als auch für die muslimische Minderheit. Wir brauchen den Willen, die Konzepte und die Analysen. Ein erster Schritt mag mit dieser Arbeit geleistet sein.

# Literatur

Adanir, Fikret: Der Weg der Türkei zu einem modernen europäischen Staat, in: Hans-Georg Wehling (Hrsg.): Türkei. Politik, Gesellschaft, Wirtschaft, Opladen 2002

„Allein das Kalifat, ihr Muslime, ist in der Lage, die boshaften Zungen zum Schweigen zu bringen, die den Propheten des Islam verunglimpfen", abgerufen unter http://www.hizb-ut-tahrir.org/index.php/de/nshow/487/ am 27.11.2009

Armstrong, Karen: Im Kampf für Gott. Fundamentalismus in Christentum, Judentum und Islam, München 2007

Dies.: Kleine Geschichte des Islam, Berlin 2001

Asad, Muhammad: Der Weg nach Mekka, Düsseldorf 2009

Ders.: Die Botschaft des Koran, Düsseldorf 2009

Benoist-Méchin, Jaques: Mustafa Kemal. Begründer der neuen Türkei. Düsseldorf/Köln 1955

Bucaille, Maurice: The Bible, the Qur'an, and Science: The Holy Scriptures Examined in the Light of Modern Knowledge, New York 2003

Ceylan, Rauf: Islamische Religionspädagogik in Moscheen und Schulen, Hamburg 2008

Ders.: Ethnische Kolonien. Entstehung, Funktion und Wandel am Beispiel türkischer Moscheen und Cafés, Wiesbaden 2006

„Der akademische Imam", abgerufen unter http://www.dradio.de/dlf/sendungen/campus/1034995/ am 25.12.2009

Fromm, Erich: Ethik und Politik, München 1990

„Hizbullah ve PKK'ya karşı 'vaaz ve irşat' timleri", abgerufen unter http://www.hurriyet.com.tr/gundem/5749697.asp am 24.12.2009

Hofmann, Murad Wilfried: Der Islam im 3. Jahrtausend, München 2000

Ders.: Der Islam als Alternative, München 1999

Kadri Karaosmanoglu, Yakup: Yaban, Istanbul 1960

Knauer, Peter: Aus der Sicht der Theologie, in: Ministerium für Frauen, Jugend, Familie und Gesundheit des Landes Nordrhein-Westfalen (Hrsg.), Fachtagung: Sucht hat immer eine Geschichte. Koordinaten der Sucht, Düsseldorf 2001

Kügler, Dietmar: Die Deutschen in Amerika. Die Geschichte der deutschen Auswanderung in die USA seit 1683, Stuttgart 1983

Längin, Bernd G.: GERMANTOWN – auf deutschen Spuren in Nordamerika, in: Wege und Wandlungen. Die Deutschen in der Welt heute, Schriftenreihe zu Fragen der Deutschen im Ausland, Band 3, Berlin/Bonn 1983

Laut, Jens Peter: Zur Sicht des Islam in der Türkischen Republik bis zum Tode Atatürks, in: Wolfgang Schluchter (Hrsg.): Kolloquien des Max-Weber-Kollegs VI–XIV (1999/2000), Erfurt 2000

Le Gai Eaton, Charles: Der Islam und die Bestimmung des Menschen, Kreuzlingen/München 2000

Metzger, Tilman: Chancen der ehrenamtlichen Mediation. Ein Vergleich der Gemeinwesenmediation in Deutschland, England und den USA, in: Peter Geißler / Klaus Rückert (Hrsg.): Mediation – die neue Streitkultur. Kooperatives Konfliktmanagement in der Praxis, Gießen 2000

Nieke, Wolfgang: Zusammenleben in einer multikulturellen Gesellschaft: Konzept einer interkulturellen Kinder- und Jugendarbeit, Remscheid 1994

Schiffauer, Werner: Migration und kulturelle Differenz, Berlin 2002

Ders.: Die Migranten aus Subay, Türken in Deutschland: Eine Ethnographie. Stuttgart 1991

Schulte, Regina: Sperrbezirke und Prostitution in der bürgerlichen Welt, Frankfurt am Main 1984

Schwonke, Martin: Die Gruppe als Paradigma der Vergesellschaftung, in: Bernhard Schäfers (Hrsg.): Einführung in die Gruppensoziologie. Geschichten, Theorien, Analysen, Wiesbaden 1999

Seufert, Günter: Café Istanbul. Alltag, Religion und Politik in der modernen Türkei, München 1999

„Übler Scherz. Essener Klinik wird zum muslimischen Pilgerort", abgerufen unter http://www.spiegel.de/panorama/0,1518,305454,00.html am 12.4.2009

Wehler, Hans-Ulrich: Nationalismus. Geschichte, Formen, Folgen, München 2001